17 スタートアップ

創業者のことばから読み解く起業成功の秘訣

早稲田大学商学学術院教授 **中村信男**［監修］
本気ファクトリー株式会社代表取締役 **畠山和也**［編著］
早稲田大学産業経営研究所［協力］

早稲田大学出版部

刊行に寄せて

　本書は、早稲田大学商学学術院の産業経営研究所（所長・髙瀬浩一早稲田大学商学学術院教授）のご支援と編著者の畠山和也氏のご協力により行われたスタートアップ企業経営者などによる連続講演会の成果をもとに、自らもスタートアップ企業を起ち上げるとともに他のスタートアップ企業の起業などの支援に当たっている畠山氏が取りまとめたスタートアップ企業の分析書です。

　事の発端は、私が担当する企業法の外部講師として、自らも起業家である畠山氏を招き、スタートアップ企業の起業・運営・資金調達などの場面で「会社法」上の制度がどのように利用されているのか、スタートアップ企業の立場から見てそのニーズに法制度が上手くマッチしているかなどを、商学部の企業法講義の中で説明してもらった特別講義にあります。この特別講義を経て、これを連続講演の形にすると面白い企画になりそうだということで、私と畠山氏の考えが一致したため、畠山氏がスタートアップ企業の世界で培った人脈を通じて、スタートアップ企業の創業者・経営者などを講師として選定し、早稲田大学産業経営研究所主催の連続講演会の実施に至ったものです。

　ちなみに、産業経営研究所の講演会の形式をとったのは、学部講義への特別講師の招聘方式では学部生向けの授業の一環であるため開催回数に限りがある上に、参加者も登録学生に限られますが、産業経営研究所の講演会方式であれば、フレキシブルな回数設定が可能であるだけでなく、テーマに関心のある人であれば誰でも参加することができるオープンレクチャーを行えることが、主たる理由です。そのため、各講演会は、私の担当するゼミ（会社法研究Ⅰ・Ⅱ）の学生だけでなく、他大学の学生、早稲田大学経営管理研究科の社会人学生、元会社経営者などの参加を得ることができました。また、連続講演会はもともと出版化を想定して企画を立てましたが、各講演会の講師が経験・体験に裏打ちされた魅力あるお話をしてくださったことが奏功したのか、各回の出席者の評価は、いずれも高いものでした。そこで、私と畠山氏で、出版企画を起案し、早稲田大学出版部に本書の出版を打診したところ、

早稲田大学出版部としてはどちらかといえば異例の企画であるものの、本書の出版を引き受けてくださり、本書の刊行に至ることができました。

　こうした経緯で公刊に至った本書は、ご講演を引き受けてくださったスタートアップ企業を、シード・アーリーステージのスタートアップ、ミドル・レイターステージのスタートアップ、バイアウトに成功したスタートアップ、IPOに成功したスタートアップ、および、大企業内起業型のスタートアップと分類し類型化したうえで、各企業の創業者・経営者などの講演内容を整理し、事業成功の秘訣、そこに至るまでの事業上の種々の苦労・課題とその解決方策などを明確にあぶり出すことに成功していると思われます。私は会社法などのビジネス法の観点からスタートアップ企業の起業・ガバナンス・資金調達と現行法制度との関連に関心を持っていますが、同様の関心を持つ読者にとっても本書は多くの示唆を提供してくれると確信しています。

　新たなビジネスを産み出すだけでなく、社会に残された多くの課題を解決する担い手としてのスタートアップ企業には、日本だけでなく海外でも多くの関心が寄せられていることは、周知の通りです。もっとも、スタートアップ企業が成功・発展する例は必ずしも多くないようです。それだけに、社会の発展や課題の解決に大きな役割の発揮を期待されるスタートアップ企業が所期の成果をあげるためにも、成功事例といえるスタートアップ企業をケーススタディとして分析し指針を示すことは、重要な意義を有すると思われます。本書が、そのような問題意識を持つ読者にとって、恰好のガイダンスになることを期待しています。

　最後になりましたが、本書が刊行されるに当たり、執筆だけでなく特別講演会の講師とのコンタクトなどの面で多大な尽力をしてくれた編著者の畠山和也氏と、ご多忙の中、早稲田大学まで足を運び講演会で貴重なお話を提供してくださった講師の方々および関係者の皆様に、心より御礼を申し上げます。また、出版状況が厳しい中、本書の刊行をお引き受けくださった早稲田大学出版部とご担当の武田文彦氏には、企画段階から相談に乗って頂いた上に、種々のご協力を頂きました。記して深謝を申し上げます。

令和元年8月

早稲田大学商学学術院教授
中村信男

I7スタートアップ 目次

第1章 現代日本経済における イノベーションと スタートアップの役割 …… 1

第2章 シード・アーリーステージ スタートアップの 課題と解決 …… 19

1 事業運営の中で得た学びをもとに 事業の再構築に成功したスタートアップ
 （ecbo株式会社　工藤慎一）…… 23

2 創業から1年半。アクセルを踏み続ける 次世代のコンテンツ企業
 （株式会社FOWD　久保田涼矢）…… 30

3 平均24歳のスタートアップを支える代表の行動力
 （株式会社 結.JAPAN　中山雅久理）…… 38

4 気鋭の教育家による社会問題解決への挑戦
 （株式会社BYD　井上創太）…… 45

5 IDと鍵で世界を変える大型スタートアップの狙い
 （株式会社ビットキー　江尻祐樹）…… 54

第2章まとめ　それぞれの原体験が起業家を動かす …… 64

第3章 ミドル・レイターステージのスタートアップ……67

1 シェアリングエコノミーの可能性にいち早く着目し
ルールメイカーとなったスタートアップ
（株式会社スペースマーケット　重松大輔）……71

2 子供達の未来を生き抜く力を与えるために
AIを利用した教育を
（株式会社COMPASS　神野元基）……81

3 IPOを経ずに業界最大手への成長に成功した
スタートアップの実際
（株式会社ランドスケイプ　福富七海）……91

第3章まとめ　成長に伴う歪みを克服できるか？が
　　　　　　成長を維持するための鍵……101

第4章 M&Aに成功したスタートアップ……105

1 起業からM&Aまでの過程と課題解決
（株式会社フライヤー　大賀康史）……108

2 クライアントオリエンテッドな旅行業界を
見直すことでユーザーの満足度を得る
（株式会社Loco Partners　篠塚孝哉）……117

3 クリエイター型の起業家が
コミュニティサービスを作る上での課題
（株式会社nana music　文原明臣）……127

第4章まとめ　M&Aをイグジットと見るか、
　　　　　　資本業務提携と見るか……137

第5章 IPOに成功したスタートアップ ……………………………… 141

1. 新規事業を立ち上げ続ける起業家に学ぶ
   新規事業の成功条件
   （株式会社チェンジ　福留大士）……………………………………143

2. 経営者と投資家、両方の顔を持つ起業家に学ぶ
   （株式会社ガイアックス　上田祐司）………………………………153

3. ピボットを経て3回目の挑戦で上場した
   経営者が提唱する上場のすすめ
   （株式会社ライトアップ　白石 崇）…………………………………164

4. 49の新規事業を立ち上げた起業のプロ
   （守屋 実）………………………………………………………………175

第5章まとめ　不確実性との果てしない格闘の末の
　　　　　　　上場と上場後の課題………………………………186

第6章 もう1つの起業方法「大企業内起業」 ……………189

1. 企業内起業でも独立スタートアップでもない
   ハイブリッドスタートアップ
   （株式会社ミーミル　川口荘史）……………………………………191

2. 大企業の経営課題を企業内起業によって解決する
   （H.I.S.Impact Finance株式会社　東小薗光輝）………………202

第6章まとめ　大企業内起業、成功の条件……………………211

第7章 失敗を経験し、乗り越えずに成功するスタートアップはない……213

おわりに　225
掲載企業一覧　228

第1章

現代日本経済における
イノベーションと
スタートアップの役割

1 現代日本経済においてイノベーションが必要な理由

「日本にはイノベーション[1]が必要だ」

この言葉が世に聞かれるようになって久しい。

「失われた10年」という言葉が20年になり、そろそろ30年となろうとしている。その間、「Japan as No.1」「アジアの奇跡」と呼ばれた日本経済の世界におけるポジションは下落の一途を辿っている。1968年（当時は名目GNP）に記録して以来、維持していた名目GDP世界2位の地位も2010年に中国に逆転されてしまう。さらに、たった7年後の2017年にはその中国に約2.5倍の差をつけられてしまった。対中国だけでなく全世界における日本の名目GDPシェアはここ数十年一貫して下がり続けている（図1）。

その主因は「**世界の産業構造の変化に日本企業が対応できなかったこと**」にあると考えられている。

表1、表2をご覧いただきたい。1991年には世界の時価総額ランキング上位50社のうち、実に10社が日本企業で占められていた。しかし、2016年12月にはなんと1社になっている。トヨタ自動車が1社で気を吐いているだけである。これが、GDP世界第3位の日本経済の現実である。

さらに注目いただきたい点が2点ある。

1点は世界の時価総額ランキング企業の顔ぶれ・業界が大きく変わっているのに対し、日本のそれは大きな変化が見られないことである。

もう1点は世界の時価総額ランキングは「時価総額の絶対額」が大幅増加しているのに対し、日本のそれはほぼ変化がないことである。ここでもトヨタ1社だけが時価総額の大幅な上昇を実現しており、突出している。

これらのことからわかるのは、世界が成長している間、日本は変わらなかった（停滞していた）ということである。もちろん、一定の変化をしていることは間違いない。が、世界がここ30年で経験したような変化ではない

1）ものごとの「新結合」「新機軸」「新しい切り口」「新しい捉え方」「新しい活用法」（を創造する行為）のこと。一般には新しい技術の発明を指すと誤解されているが、それだけでなく新しいアイデアから社会的意義のある新たな価値を創造し、社会的に大きな変化をもたらす自発的な人・組織・社会の幅広い変革を意味する。（出典：Wikipedia）

図1 主要国名目GDP推移（1980年～2022年）（2018年時点の上位10位、米ドルベース）（単位：兆米ドル）（IMF予想含む）

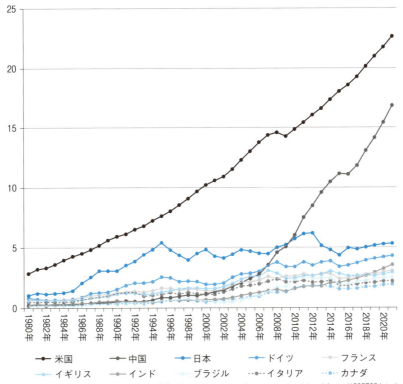

出典：http://www.garbagenews.net/archives/1335765.html

ということもまた間違いない。

　日本がかつての栄光を取り戻そうとすれば、もしくは凋落の速度を緩めることができるとすれば、今までに無い産業を起こさねばならない。新しい産業には新しい商品・新しいサービスの登場、すなわちイノベーションが必要となる。日本にはイノベーションを「技術革新」と訳す悪しき伝統があるが、「技術革新に伴って新しく・魅力的な商品・サービスが生まれること」によって人々の生活は変わるのであって「技術革新」そのものでは社会は変わらない。変化せず、停滞すれば成長する世界においていかれる。逆に言えば、イノベーションによって新しく魅力的な商品・サービスを世に出し、新しい産業を起こしていかねば、世界でのポジションを守る

表1　世界の企業時価総額ランキング

1992/12/31

	会社名	時価総額（億ドル）
1	エクソンモービル	759
2	ウォルマート・ストアーズ	736
3	GE	730
4	NTT	713
5	アルトリア・グループ	693
6	AT&T	680
7	コカコーラ	549
8	パリバ銀行	545
9	三菱銀行	534
10	メルク	499
11	日本興業銀行	465
12	住友銀行	455
13	トヨタ自動車	441
14	ロイヤルダッチ石油	436
15	富士銀行	417
16	第一勧業銀行	417
17	三和銀行	379
18	BTグループ	375
19	P&G	364
20	グラクソ・スミスクライン	361
21	ブリストルマイヤーズスクイブ	350
22	ジョンソン・エンド・ジョンソン	331
23	ペプシコ	329
24	GTE Corp	322
25	さくら銀行	318

2016/12/30

	会社名	時価総額（億ドル）
1	アップル	6,176
2	アルファベット（グーグル）	5,386
3	マイクロソフト	4,832
4	バークシャーハザウェイ	4,016
5	エクソンモービル	3,743
6	アマゾン・ドット・コム	3,563
7	フェイスブック	3,324
8	ジョンソン・エンド・ジョンソン	3,134
9	JPモルガンチェース	3,088
10	GE	2,795
11	ウェルズ・ファーゴ	2,768
12	AT&T	2,612
13	テンセントHD	2,319
14	ロイヤル・ダッチ・シェル	2,315
15	P&G	2,250
16	ネスレ	2,235
17	中国工商銀行	2,234
18	バンク・オブ・アメリカ	2,233
19	シェブロン	2,222
20	アリババ	2,191
21	ベライゾン・コミュニケーションズ	2,176
22	中国移動（チャイナモバイル）	2,171
23	アンハイザー・ブッシュ	2,141
24	ウォルマート・ストアーズ	2,124
25	サムスン電子	2,099

ことができない。これが「イノベーション不足」が叫ばれていることの背景である。

　さらにいうと、日本経済に起こっているネガティブな変化は「少子高齢化社会」から進んで「超高齢多死社会」への変化である。

　図2の通り、2010年をピークに日本の人口は減少を始め、2020年頃から急激に減少していく。内需中心の国である日本において人口減少は経済規模に大きなマイナスの影響を与える。

　人口が急激に減少していく社会において経済規模を維持・拡大させようとすると、今までの延長ではない「イノベーティブな」プロダクト、サービスが必要である。一人あたりの生産性が上がるような新製品・新サービ

26	デュポン	318
27	ネスレ	308
28	RELX	307
29	ユニリーバ	305
30	テレフォノス・デ・メヒコ	297
31	IBM	287
32	シェル石油	282
33	ディレクTV	257
34	アボットラボラトリーズ	255
35	BellSouth LLC	254
36	Mobil Corp	252
37	AIG	245
38	BT Corp North America	242
39	ファイザー	239
40	シェブロン	237
41	野村証券	234
42	マイクロソフト	234
43	モーターズ・リクイデーション	228
44	ウォルト・ディズニー	225
45	ホームデポ	223
46	ベライゾン・コミュニケーションズ	222
47	3M	220
48	BAT Industries	219
49	ワイス	210
50	TIS NV	209

26	ペトロチャイナ	2,012
27	ロッシュ・ホールディング	1,981
28	ファイザー	1,971
29	中国建設銀行	1,926
30	トヨタ自動車	1,924
31	ノバルティス	1,914
32	ビザ	1,815
33	コカコーラ	1,788
34	インテル	1,719
35	シティグループ	1,694
36	ウォルト・ディズニー	1,659
37	コムキャスト	1,652
38	ホームデポ	1,633
39	メルク	1,623
40	HSBC	1,611
41	IBM	1,578
42	オラクル	1,577
43	ユナイテッドヘルス・グループ	1,523
44	シスコシステムズ	1,517
45	ペプシコ	1,501
46	台湾セミコンダクター	1,453
47	中国農業銀行	1,440
48	フィリップ・モリス	1,419
49	中国銀行	1,416
50	アルトリア・グループ	1,319

スが出てこなければ日本経済が沈没の一途を辿ることは明らかである。

そして、まさにそのイノベーションを担当するのが「**スタートアップ**」の役割である。日本におけるイノベーションのもう一方のプレイヤーは大企業であるが、90年代以降大企業によるイノベーションは奏功しているとは言い難い。富士フィルムなど一部例外はあるが、多くの大企業が業態転換の必要性を理解しながら、苦戦している。本稿はあくまでスタートアップの研究が本論ではあるが、比較という意味も込めて企業内起業に成功されている企業内起業家の方にもご登場いただいている。

2 現代日本において大企業でイノベーションが発生しにくい要因

構造的に大企業でのイノベーションが発生しにくい要因について、環境

表2　日本の企業時価総額ランキング推移

1992/12/31

	会社名	時価総額（億ドル）
1	NTT	713
2	三菱銀行	534
3	日本興業銀行	465
4	住友銀行	455
5	トヨタ自動車	441
6	富士銀行	417
7	第一勧業銀行	417
8	三和銀行	379
9	さくら銀行	318
10	野村証券	234
11	パナソニック	195
12	東海銀行	164
13	東芝	163
14	新日鉄	161
15	セブンイレブン	156
16	あさひ銀行	153
17	三菱重工業	143
18	ソニー	127
19	イトーヨーカドー	122
20	任天堂	121

2016/12/30

	会社名	時価総額（億ドル）
1	トヨタ自動車	1,924
2	NTTドコモ	895
3	NTT	874
4	三菱UFJ・FG	866
5	ソフトバンクグループ	726
6	KDDI	659
7	JT	653
8	日本郵政	557
9	ゆうちょ銀行	536
10	三井住友FG	536
11	本田技研工業	525
12	みずほFG	452
13	日産自動車	421
14	キーエンス	414
15	ファーストリテイリング	377
16	キャノン	373
17	ソニー	351
18	ファナック	343
19	デンソー	341
20	JR東海	336

出典：https://finance-gfp.com/?p=2042

要因と内部要因に分けて考えることができる。

環境要因

　既述の通り、人口の減少や過剰な法規制・国際経済環境の変化など様々な要因があるが、日本の名目GDPの成長はここ20年以上横ばいが続いている。これは取りも直さず、新規事業の成功確率が下がってしまったことを意味する。

　経済が右肩上がりに伸びていた時代であれば大きく収益が上がらずとも、一定の収益を上げることができる事業は多かった。経済成長の伸びしろに潜り込むことで収益化できる余地があるからだ。

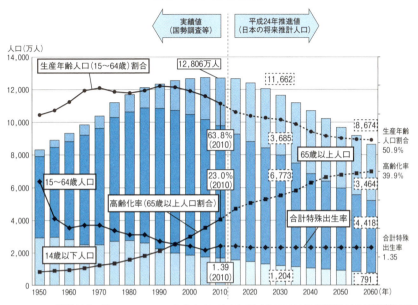

図2　日本の人口動態

 一方、成長の止まった経済下で行われる新規事業は他者の既存事業・サービスを代替することになる。今まで使っていた予算・時間を自社の商品・サービスに使ってもらうことしかできない。もちろん、真にイノベーティブな商品・サービスを開発することができれば市場全体が拡大することになるが、そういう事業はごくわずかである。「大当たりしなければ成功しない」環境下で、新規事業に取り組むインセンティブはどうしても低くなる。
 ニワトリと卵の関係になってしまうが、「過去成功しなかったから積極的に取り組まず、結果、より成功しにくい環境になっていく」という悪循環が続いていることは間違いない。

内部要因──組織的アンラーニング不足

 内部要因を一言でいうなら「組織的アンラーニング[2]不足」だろう。これを別の表現にすると「成功体験に縛られている」あるいは「大企業病」

といったところだろう。

　上述の通り、日本は50年近くの長きに渡り奇跡的な経済成長に成功した。この間、人口は爆発的に増加し、国際的な地位も向上した。永久的な成長も、賃金の上昇もこの50年に限って言えば「事実」であった。

　これらの「事実」に沿って会社機構だけでなく、社会体制・法制度などが整備されていた。この間、日本企業は新商品・新サービス・新事業を生み出すことに成功する。これらの成功を支えたのはよく言われる通り、「終身雇用年功序列型賃金」による強固な組織体制や、ミスの少ない緻密な「ものづくり」に代表される「日本的経営」であった。

　この成功体験が長期に渡り強烈であり過ぎたため、これらの要素が「当時の経済環境に適合した要素・仕組み」ではなく、「普遍的な成功法則」であると考えられるようになってしまった。これが90年代以降の日本のイノベーションを大きく阻害することになる。

　1つだけ例を挙げるとすると、ミスの少ない緻密な「ものづくり」は製造業においては圧倒的な差別化要因となったが、リリース後の修正が容易なIT産業においてはむしろ後塵を拝する大きな要因となった。現在、スタートアップの代表的な手法「リーンスタートアップ[3]」がトヨタの「リーン生産方式」から名付けられたのは皮肉な事実である。

　このように、圧倒的な「成功体験」はイノベーションの阻害となっている。今までにない商品・顧客・サービス・事業を展開するのであるから、今までにない成功法則、今までにない取り組み方、今までにない組織体制であるべきなのだが、そうすることができる人は少ない。今まで成功した方法に依存してしまう。

　これから、変化のスピードがますます速くなり、人の健康寿命が伸びて

2）「学習棄却」と訳される。いったん学習したことを意識的に忘れ、学び直すこと。継続的な成長のためには、2種類の一見相反する行動、いわゆる学習（learning）と学習棄却（unlearning）のサイクルを回していくことが必要とされる。このアンラーニングとは、個人のレベルにとどまらず組織学習の議論の中で注目されている概念で、組織が不確実な環境の中で継続的にイノベーションを実現していくためには不可欠の学習行動とされる。（出典：コトバンク）

3）『The Lean Startup』（エリック・リース著）で提唱された新規事業開発手法。最低限の機能を備えた製品（Minimum Viable Product）を市場投入した上で、顧客の反応を見ながら製品の改善を重ねていくことで最適な製品に仕上げていく手法。

いくことを考えると、過去の成功体験をとらわれない、もっと言えば「過去の成功体験を忘れ、一から学び直すこと」つまりアンラーニングの重要性が増していくことだろう。

日本企業においてイノベーションを阻害しがちな要素としては大きく分けて「カネの問題」と「ヒトの問題」がある。

イノベーションを阻害するカネの問題

一般に企業では資金使途について明確な予実管理を行う。これは不正抑止、事業運営の予測可能性確保等の観点から当然に必要とされる。当初予算の獲得だけでなく、当初の予算を別の用途に使うことがあれば、集団チェック体制である「稟議」によってその要否を判断される。予測可能性の高い事業においてはこの方法で問題ない。しかし、イノベーションを目的とした新規事業においては大きな阻害要因となる。

新規事業においては「どのようなサービス・顧客・サプライチェーン[4]が望ましいか」は事前にはわからない。むしろ、新規事業開発とはそういった「この事業において望ましい体制とは何か」を検証していく取り組みである。当初の想定がそのまま実現する可能性は極めて低いため、当初予算の転用など日常茶飯事であるし、予算を転用するということは、当否いずれであったとしても当初仮説が検証され次のステージへ進んだということであるので、その方が望ましい。

そのような中、毎回稟議をあげていたら、どうなるだろうか。

一般に大企業では稟議が回りきるまで2週間や1ヶ月ほどかかることは珍しくない。新規事業がその期間止まってしまうのだ。スピードが極めて重要な新規事業にとってこれは致命的である。

新規事業を立ち上げるにあたって、予算確保した後はその執行だけでなく、用途についても事業責任者の一存で意思決定できるべきである。最近は徐々に予算権限が現場に下りてきているケースが増えてきているものの、

---

4) 原料の調達から製造、販売、物流など製品が消費者の手に渡るまでの一連の流れのこと。

残念ながら多数の稟議に追われている新規事業担当者とお会いすることはまだまだ多い。

イノベーションを阻害するヒトの問題

　カネの問題同様、根深いのはヒトの問題であろう。

　ヒトの問題の根幹は「評価」と「人材の種類」にある。

　一般に企業の評価は相対基準・減点方式であることが多い。当然のことながら、新規事業は成功より失敗が圧倒的に多い。売上をいくら上げたのか、どのような成果を出したのか、そういった「成立している事業（既存事業）」での評価基準を当てはめると、よっぽど大成功でもしない限りは新規事業の担当者の評価は低くならざるを得ない。これでは既存事業で評価されているような「優秀な人材」は新規事業を敬遠することは当然のことである。優秀な人材を登用できないのであれば、ただでさえ低い新規事業の成功率はさらに低くなってしまう。

　新規事業を成功させようとすれば「優秀な人材が好んで新規事業に取り組みたくなるような評価制度」を構築する必要があるのだ。ただし、企業全体の評価制度を変える必要はない。「新規事業担当者」に対する評価制度を新しく構築すればいい。営業職と企画職とエンジニア職では自ずと評価制度が異なっているのと同様、「新規事業開発職」についての評価基準を用意すればいいだけだ。

　また、大企業は大きな組織であるが故に新規事業に向かない「人材の種類」問題を抱えている。高度に分業化された大企業の中では効率的に組織運営をするために、各業務の専門家人材を抱えている。営業・マーケティング・広報・製造・技術・開発等々それぞれの分野では高い専門性を発揮する一方、他分野については疎い人材が多い。また、それらの人材を抱える部署間の利害を調整する業務の重要性が高い。それぞれの部署はそれぞれの視点で動いているため、全体として機能させるには「ナカ」の調整が必要なのだ。

　一方、新規事業においてはかけられる予算の制約もあり、事業に携わる人材の数が少ない。事業の各要素を総合的に考える必要もあるため、分野

横断的な知識・ノウハウが必要である。そもそも、新規事業開発は既存事業運営とは全く異なった業務であり、新規事業開発自体の知見・ノウハウが求められる。既存事業運営しか取り組んだことのない企業にとっては新規事業開発のノウハウをもつ人材を内部調達するというのは不可能といえる。その場合、新規事業開発知見者は外部調達せざるを得ない。

　新規事業開発自体だけでなく、新しい商品・サービス・顧客・業界について自社に知見がない場合も多々ある。その場合に必要となるのはその分野の知見者や協業先といったパートナーである。つまり、視点は「ソト」に向いている必要がある。大企業が抱えている人材は非常に優秀である。ただし、人材の優秀さだけで解決する問題ばかりではない。前述の通り、大抵の大企業にとって「新規事業」も「他業種」も「未経験領域」であり「その道の素人」である。優秀であるからといって初めての取組で確実に成功できると考えるのは荒唐無稽と言ってもよいであろう。このような事実は客観的に考えているときは当たり前に感じられても、いざ、自分が当事者となると突拍子もないことのように感じられるから不思議である。だから、新規事業を成功させるためには必要に応じて「ナカ」から反対を押し切って「ソト」と付き合う必要も出てくる。ここでも人材の外部調達の必要性が出てくる。このように既存事業と新規事業では必要となる「人材の種類」が異なっている。その結果、新規事業においては「新規事業の経験者」や「他業界経験者」といった「外部人材」の調達が必要となるケースが圧倒的に多い。

3　大企業でのイノベーションを促進するための方策

　新規事業の立ち上げ方は、既存事業の運営とは異なるロジック、成功法則で動いていることを前提に事業環境を整備することである。

　　規律よりも柔軟であり
　　安全よりも挑戦であり
　　合理よりも直感である

前者よりも後者を重視する環境整備ができれば、大企業の不利は相当減らすことができる。人材・資金・信用など、大企業には強みとなるリソースが多々ある。大企業ゆえの不利を解消すれば新規事業の成功に一歩も二歩も近づくこととなる。

　下記はこれらの方針の具体例である。あくまでも一例であるが参考にはなろうかと思う。

【カネの問題】
・資金は予算大枠を定め、可能な限りその使途は柔軟に決定する
・瑕疵解消よりも実行による検証を重視し、得られた知見をもとに柔軟に計画を変更する
・予算の執行については実質的な事業責任者が必要に応じて意思決定し、過剰な決裁機構を用いない

【ヒトの問題】
・優秀な人材が挑戦できるよう、参画しただけでプラス評価するなど新規事業専用の評価基準を置く
・新規事業に取り組んでいる間の基準を検証・挑戦などに置き、多くのトライを実行できる環境を作る
・新規事業開発自体の知見など自社で賄えない知見は外部人材なども積極的に活用し、「業務・業界横断的思考」「実行・検証型業務推進」が可能な体制を構築する

4　日本のスタートアップ環境

　論をスタートアップに戻そう。日本におけるスタートアップについて論じる前に、定義を明確にしておきたい。
　起業の全てをスタートアップと考える人もいるが、日本における起業のほとんどはスタートアップではない。年間およそ20万件の起業があり、会社化されるのはそのうちの5万件程度と言われているが、その大半がフ

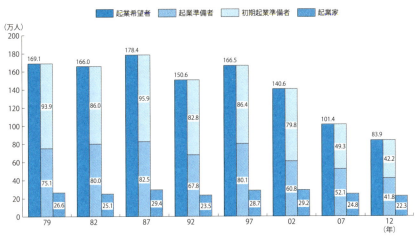

図3　起業の担い手

出典：http://www.chusho.meti.go.jp/pamflet/hakusyo/H26/PDF/07Hakusyo_part3_chap2_web.pdf

リーランスや飲食店経営などのスモールビジネスである。これらは通常スタートアップとは呼ばない。

　世界的に有名なベンチャーキャピタル[5]「Y Combinator」のFounderポール・グラハムの言葉を借りれば、**スタートアップとは早く成長することを意図して作られた会社**のことである。ここでの「早く成長する」とは起業後数年で上場するようなレベルを想定している。だから、上記のようなフリーランスや飲食店のような「スモールビジネス」は起業ではあるが、スタートアップではない。

　後に詳述するが、企業の成長には「ヒト・モノ・カネ・ジョウホウ」のリソースの大量投入が必要である。そういう意味ではベンチャーキャピタル（VC）が出資するような会社はスタートアップといえる。ベンチャーキャピタルは基本的に投資先企業が上場して初めて利益を得ることができ

5）ハイリターンを狙ったアグレッシブな投資を行う投資会社（投資ファンド）のこと。主に高い成長率を有する未上場企業に対して投資を行い、資金を投下する。経営コンサルティングなどを提供し、投資先企業の価値向上を図る企業も存在する。担当者が取締役会等にも参加し、経営陣に対して監視・コントロール・指導を行うこともある。事業会社が保有するコーポレートベンチャーキャピタル（CVC）にはベンチャーとの買収や業務連携を目指したものも多く、必ずしも投資に対するハイリターンを求めているとは限らない側面もある。（出典：Wikipedia）

図4　ベンチャー投資の推移　2015年のベンチャー投資実行額の国際比較（米国・欧州・中国・日本）

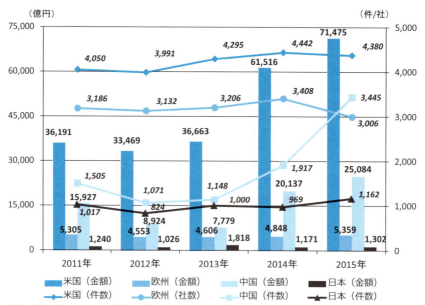

出典：http://www.vec.or.jp/wordpress/wp-content/files/2016_VECYEARBOOK_JP_VNEWS_09.pdf

るので、成長が見込まれる企業にしか投資しない。ベンチャーキャピタルが投資する企業については、年間1,000件程度である。

　VCから調達しないスタートアップは考えにくいため、ほぼほぼこの数字が日本におけるスタートアップの数と一致していると考えられる。なお、経済成長率の高い米国・中国とは件数・投資額ともに比較にならないほどの差異がある。これだけで結論付けることはできないが、日本におけるスタートアップ増加の必要性がわかるデータの1つであるといえよう。

　未だにスタートアップを起こすとか、スタートアップに就職するというと眉をひそめる向きも多いが、スタートアップの成功は日本全体の経済浮上の必須の鍵である。「何をするか」次第ではあるが、御本人のキャリアを考えても決して悪い選択肢ではない。どうか応援してあげてほしい。

5　スタートアップ成功の条件

一般に経営の4要素は「ヒト」「モノ」「カネ」「ジョウホウ」と言われる。

すなわち、下記の4つである。

・**ヒト**：人材。一般的には社員のことを指すが、近年のスタートアップではパートナーと言われるフリーランスやインターン、複数の会社に所属する「パラレルキャリア人材」が不可欠な人材として活躍しているケースも多く、その意味するところは広がっている。

・**モノ**：商品・サービスおよびそれらを生産する設備や土地・建物を指す。創業当初のスタートアップがこれらを持っているケースは少ない。むしろ「価値ある資産としてのモノ」を生み出すことがスタートアップの目標（目的ではない）の1つになっていることが多い。例えば、「ユーザーを大量に抱えているアプリ」であったり、「多くの人が訪れる場所に設置されている機器」であったり、というのが典型例である。

・**カネ**：文字通り「お金」である。「金は企業の血液」と言われる通り、「カネ」が回らなくなくなれば企業は倒産してしまう。あらゆる企業活動に「カネ」は不可欠である。大事なことは「カネ」を保有していることに意味はなく、「回す（＝循環させる）」ことに意味があるということだ。ヒトやモノ・ジョウホウにより多く投資して、より速く、大きなリターンを得ることが「早い成長」には不可欠である。死蔵している「カネ」が成長に寄与することはない。スタートアップにおいては「カネをどう調達するか」以上に「カネをどう使うか」が重要な論点であると考える。

・**ジョウホウ**：スタートアップに限らず、企業経営に情報は必要不可欠である。競合、マーケットの情報、自社顧客の満足度、新技術、法律、会計、税金など必要な情報は挙げればキリがない。特にスタートアップに

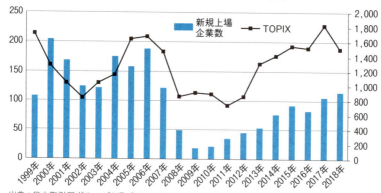

図5 新規上場企業数とTOPIXの推移

出典：日本取引所グループHP（https://www.jpx.co.jp/equities/listing-on-tse/new/basic/04.htm）および株探HP（https://kabutan.jp/stock/kabuka?code=0010&ashi=yar）をもとに作成

おいては競合・大企業が取り組んでいない「未知」のマーケットを開拓することになる。どんどん変化が激しくなる環境の情報を取得することだけでなく、スタートアップにおいては「未知」を「既知」に変えるという意味で情報を生み出すこと自体が企業運営活動の一環と言っても良いだろう。

いずれも基本的にはマーケット競合である大企業の方が豊富に所有している。変わりつつあるとはいえ、優秀な人材は大企業へ入社するケースが多い。大企業であれば余剰の設備や土地を抱えていることが多い。商流や顧客といった無形資産も大量に保持している。大企業が資金的な余裕があることは言うまでもない。大抵の大企業がリサーチ予算を執行し、現在・未来のマーケット情報を収集している。外部に出回らない既存顧客の情報も大量に保持している。

こうして見ると「強者はより、強者に」の原則の通り、大企業に死角は無いように見える。が、しかし図7に示す通り毎年数十社、多い時は100社を超える新規事上場企業が出現している。マーケットを切り拓くスタートアップは多数出現しているのだ。

一方で、同じスタートアップでも資金が尽き、倒産してしまう企業もあ

れば、リビングデッドと言われる成長できず停滞してしまう企業もある。成長するスタートアップとそうでないスタートアップを分ける条件はどこにあるのだろうか？という問いに対する探求の第一歩が本稿である。

本稿は2018年4月から2019年1月にかけて早稲田大学産業経営研究所主催で行われた、全7回15社の創業経営者による講演及び追加の調査を通じて、日本のスタートアップにおける課題とその解決について成功の条件を見つけ出そうと試みた。

企業についてはスタートアップのステージ別に「シード・アーリー期」「ミドル・レイター期」[6]「イグジット後（M&A）」「イグジット後（IPO）」[7]「企業内起業」と大きく偏らないように配慮した。まだ、スタートアップが成功したとは言い難いイグジット前の企業をも取り上げているが、これは「人には忘却という機能がビルトインされている」ため、現在及び直近の課題について語っていただくことによってよりリアルなスタートアップの現実を引き出そうという意図がある。単なる英雄譚ではなく、スタートアップの実際の姿を知ることなしに研究は成立しない。

各講演については現場の臨場感を感じていただくため、可能な限りそのまま記載してあるが、読者のわかりやすさを考慮して若干の解釈を交えて補足している。より臨場感を出すために、当日、参加者から寄せられた質問とその回答についてもできるだけ忠実に記載している。こちらについての問答も実態を理解するのに役立つだろうと考えている。

また、各登壇者の講演にはサマリと筆者の視点から解説を用意したので、概要を知りたいという方はこちらに目を通していただくだけでも一定の理解が得られるように工夫している。

---

6) スタートアップの成長段階として「シード期」「アーリー期」「ミドル」「レイター期」と区分されることが多い。「シード期」は事業アイデアが浮かんでから、ビジネスモデル仮説を構築するまで、「アーリー期」は顧客に受け入れられるサービス・プロダクト開発ができ、成長が始まるまで、「ミドル期」は事業を成長させるための「成長ドライバー」がみつかり、急激な成長を実現するまで、「レイター期」は急激な成長をしつつ上場準備をする時期とされることが多い。
7) スタートアップの創業者やベンチャーキャピタル（VC）などの投資家が投資した資金を回収することを「イグジット」と呼ぶ。大きく分けて株式上場（IPO）と株式売却（M&A）の2つがある。

本稿が成功している経営者の生の声を知ることで、読者に日本におけるスタートアップの実態についての理解を深めていただく一助となれば幸いである。

第2章

シード・アーリーステージ
スタートアップの
課題と解決

スタートアップを志し、世の中に大きな価値を提供しようと決めたその瞬間から起業は始まる。実際に高い成長率と巨大な事業規模を実現することがスタートアップの大きな目標であるが、その始まりはいつも「アイデア」からである。

　自身もスタートアップを経営し、スタートアップ研究家としても名高い田所雅之氏の著書『起業の科学 スタートアップサイエンス』では下図のように整理されている。

　事業アイデアを考え出すところから始まるシードステージを経て、アーリーステージにて具体的なカスタマーとその課題、そしてその解決としてプロダクトを考案する。

　当然のことながらあらゆる起業家は自らの考え出したプロダクトが想定するカスタマーとその課題を解決するであろうという想

出典：『起業の科学 スタートアップサイエンス』（田所 雅之 著）

定をしてプロダクト開発に臨む。

　しかしながら残念なことに、最初からそれがうまく機能することは極めて少ない。あくまで当初想定は仮説であって実証された事実ではないからだ。

　「カスタマーは自分が望むものを答えられない」

　スタートアップ業界ではよく聞かれる言葉だ。様々なバイアスを打ち消す努力をしてインタビュー調査を行った結果を踏まえて顧客が望むと回答した通りにプロダクトを開発したとして、そう回答した本人さえ購入するとは限らないのが現実である。

　こういったプロダクト開発事例はスタートアップだけでなく、大企業のプロダクト開発でも枚挙に暇がない。

　カスタマーの反応から「本当にカスタマーが必要なもの」を想定して、プロダクトの形にして届けるのが起業家の仕事である。

　当然、想定で作るものであるから「外す」ことは大いにあり得るし、永遠にたどり着けないこともある。

　こういった困難を乗り越え「カスタマーの課題を解決し、満足させるプロダクトを提供し、それが適切な市場に提供されている状態」まで到達すると、いわゆる「PMF（プロダクト・マーケット・フィット）」を達成した状態になる。

　一般にアーリーステージはこの「PMF」の達成を目指して仮説・検証をくり返している段階と言われる。そして、このPMFの達成がスタートアップにとって最も高いハードルであるとも言われる。

　第2章ではシード・アーリーステージを戦うスタートアップ5社にご登場いただいた。

・キーテクノロジースタートアップとしてスマートロック事業な

どを手がける株式会社ビットキーの江尻 祐樹氏
・荷物預かりサービス「ecbo cloak」を展開する ecbo 株式会社代表取締役 工藤 慎一氏
・女子中高生に絶大な人気を誇るチャット小説アプリ「Balloon」を開発する株式会社 FOWD 代表取締役 久保田 涼矢氏
・日本文化を発信するメディア「wafoo- 玩日本」や訪日外国人向けの写真撮影サービス「Tadory」などを提供している株式会社 結 .JAPAN 代表取締役 中山 雅久理氏
・大学生向けキャリア教育事業「3rdClass」を運営する株式会社 BYD 代表取締役 井上 創太氏
である。
　最も困難性が高いと言われるアーリーステージを脱しつつある 5 社がここまでどのような課題に直面し、解決してきたのか、その経験を踏まえてアーリーステージにおける頻出課題と解決について考えたい。

10 事業運営の中で得た学びをもとに事業の再構築に成功したスタートアップ

工藤慎一（くどう・しんいち）
1990年マカオ生まれ。日本大学経済学部卒。UberJapan株式会社にてインターンを経験後、2015年にecbo株式会社を共同創業者のワラガイと設立し、代表取締役社長に就任。

ecbo（エクボ）株式会社
2015年6月設立。オンデマンド収納サービス「ecbo storage」β版の運営を経て、2017年1月に荷物一時預かりシェアリングサービス「ecbo cloak」をローンチ。主要都市をはじめ、日本全国へサービスを広げている。

起業家はなぜ存在するのでしょうか？

起業したいという声はたくさん聞きますが、なぜ人は起業したいと思うのでしょうか？

「世の中の課題を、持続可能なサービスを創って解決するのが起業家である」というのが、私の出した答えのひとつです。

現在、世の中には数百万、数千万もの社会課題があります。地球環境の問題であったり、貧困の問題であったり、そういった課題を解決して社会の役に立つサービスを創るのが起業家のミッションなのだと思います。

これは大手企業にはなかなか難しいことです。大手企業にとって、1億円かけて課題解決のための新規事業を立ち上げるよりも、100億の既存事業を1％成長させる方が圧倒的に効率がいいからです。特に規模の小さな課題は、解決したところで大手企業にとってはあまり得にならないと捉えられがちです。

そこで起業家の力が必要になります。

ecbo株式会社の掲げるミッションは「モノの所有を、自由に。」です。

現在、一人の日本人が所有しているアイテムの数は平均して4,000個あると言われています。皆さんも4,000個のアイテムを自分のモノとして所有しているはずです。必要だから所有しているのでしょうが、荷物は持ちすぎると逆に邪魔にもなりうるものです。

4,000ものアイテムを管理する煩わしさから開放されれば、人々はもっと自由になることができるでしょう。必要な時に必要なモノが手元にある世界を実現し、ボタンひとつで全てのアイテムを管理できるプラットフォームを作ることを目指して立ち上げたのがecbo株式会社です。

　このような思いで会社を立ち上げましたが、もちろん理想だけではビジネスは上手くいきません。2015年の創業時、我々は「ecbo storage（エクボストレージ）」というサービスをβ版[1]運営していました。しかしいくつかの課題があり、現在はサービスを停止しています。その学びを活かして作り上げたのが、現在運営している「ecbo cloak（エクボクローク）」です。

　世の中の課題を解決して社会に必要とされるサービスをどのように作ってきたのか、我々の反省や上手くいかなかった経験を例として説明します。

1 起業当初に立ち上げたサービスの課題

　ecbo storageはいわゆるトランクルームです。リアル版のDropboxのようなイメージで「ボタンひとつで荷物を管理できる」という目標に近い画期的なものでした。今必要でないものは外部の倉庫に預けて、預ける時も引き取る時もアプリから簡単に操作できるという未来的でわくわくするサービスだったのですが、課題が大きく分けて3つありました。

　1つは「オペレーション」の問題、2つ目は「PMF（プロダクト・マーケット・フィット[2]）までにかなりお金がかかる」ということ、3つ目は「ニーズが顕在化されていない」ということです。

　まずは「オペレーション」の問題。つまり、やらなくてはいけないことが多すぎました。スタートアップにありがちなのですが、大きな理想へ向けて何もかもに手をつけようとしてしまうのです。時間もお金も限られているので、本来はまずどこかにフォーカスしてリソースを集中させなくて

1）正式版をリリースする前にユーザーに試用してもらうためのサンプルバージョンを指す。試用版と同じ。
2）スタートアップが創造したプロダクトが顧客課題を解決することで顧客を満足させることができており、かつ適切な市場に提供されている状態。拡大への準備が整った状態と言ってもいい。

はいけません。そうできるだけの経験が当時の我々には足りませんでした。

次に「PMFまでにかなりお金がかかる」という問題。ざっくりと計算したところ、ecbo storageを世の中に浸透させるまでには最低でも1億円はかかる見込みでした。当時の我々の資金は2,000万円くらいしかなく、実績も人脈もない24歳の私に投資する投資家もいませんでした。

最後に「ニーズが顕在化されていない」という問題。自分の家にある荷物を外部の倉庫に預けたい人の数は、日本ではまだ多くありません。参考にしたアメリカの市場は2兆円規模でさらに毎年2.3％成長していましたが、日本の市場は毎年10％の成長はあるものの600億円規模でした。

2　社会に必要とされるサービスはどのようにして作るのか

こうしたecbo storageの課題を踏まえて、改めて考えました。

「モノの所有を、自由に。」という我々のミッションはどうすれば実現できるのか。社会に必要とされるサービスはどうすれば作ることができるのか。

当時スタッフは私を含めて2人しかおらず、資金も限られていました。理想から逆算して分解し、今あるリソースでできることはないのかずっと考えていました。ニーズが顕在化されていて、オペレーションも多すぎず、すぐに浸透できるプロダクトでなくてはなりません。

そんなときに気づいたのが、「コインロッカー難民」の問題です。

2016年8月に私が渋谷を歩いていると、困った様子の訪日外国人に声をかけられました。話を聞くと「スーツケースの入るコインロッカーが見つからない」とのことでした。そこで私も一緒に40分かけて探したのですが、結局コインロッカーは見つかりませんでした。何十万もかけて日本に来ている訪日外国人に、荷物を持って何時間も歩き回るという体験をさせてしまったのです。この問題を何とかしたいと思ったのが、ecbo cloak誕生のきっかけです。

コインロッカーは前回の東京オリンピックが開催された1964年に日本に誕生して以来数を増やし、現在日本全国に約22万個あります。実際にはあ

と30万個は必要だと言われていますが、もう土地がないのでこれ以上増やすことができません。必要なのに足りていないということは、逆に言えばニーズが顕在化されているということです。日本では1日に17.6万人もの「コインロッカー難民」が発生しています。

　ロッカーを増やすことはできないので、ロッカー以外の荷物保管場所を探す必要がありました。荷物は人の所有物ですから、荷物の移動は人の移動と同じです。ならば、人の移動が必要とされるところはどこか、という考え方をしてみることにしました。人が移動しながら立ち寄りたい場所といえば、カフェなどの店舗です。人が多く集まればそれだけ集客につながります。

　店舗の空きスペースで荷物を預かることができれば、店舗側は預かり料金の他に、ついで買いなどの集客効果も期待できます。我々は倉庫の管理や荷物輸送の手配などのオペレーションをする必要がないので、仕組みづくりとアプリ開発に注力することができます。

　こうして誕生したのが、「荷物を預けたい人」と「荷物を預かるスペースを持つお店」をつなぐシェアリングサービス「ecbo cloak」です。現在

では北海道から沖縄まで日本各地1,000店舗以上で展開しています。今後2025年までに、世界500都市へと展開したいと思っています。

質疑応答

―― 事業をecbo storageからecbo cloakへとシフトするにあたり、トラブルはありましたか？

株主に怒られるかなと思っていたのですが、意外とすんなりと受け入れていただきました。今のように大企業に入っていただいているとまた状況が違うのかもしれません。

社外よりも社内の戸惑いの方が大きかったように思います。当初私がecbo storageに対して非常に情熱を持って「これをやっていこう」と呼びかけていたので、メンバーもそれに呼応して情熱を持ってくれていました。その方向性をecbo cloakへ変えるのはなかなか大変でした。

―― 提携店舗への営業で苦労したことは何ですか？

導入してもらうにあたっての障壁が2つあり、1つは「スペースがない」「スタッフに手順を教える時間がない」などの物理的障壁、もう1つが「なんとなく面倒くさい」「なんとなく難しそう」などの心理的障壁です。解決に困ったのが2つ目の心理的障壁でした。

「なんとなく」を払拭するためにまずはとにかく情熱を持って説明し、「やることはこれだけです」「スマートフォンだけあれば導入できます」と一つひとつ不安を取り除いていきました。

―― リーダーとしてメンバーを率いていくための秘訣はありますか？

夢を語る人、いわゆる起業家的な存在は世の中に1％程度しかいません。一方で夢を追いかけたい人や誰かの夢に共感してそのために専門性を発揮していきたい人はたくさんいます。だから、私が夢を語り続けた結果、それに少しずつ共感してくれるような仲間が集まってきました。

私は代表取締役社長ではありますが、スタッフを「使おう」とは一切

思っていません。単純に自分のビジョンに共感してくれる仲間と一緒に理想の世界を作っていこうという気持ちで働いています。

講演要約

ポイント イノベーションとは、複数の本質的な課題をシンプルな1つのプロダクトで解決するものである。

　ecbo株式会社は、「モノの所有を、自由に。」というミッションに基づき、以前「ecbo storage（エクボストレージ）」というトランクルームサービスのβ版を運営・停止。現在は「荷物を預けたい人」と「荷物を預かるスペースを持つお店」をつなぐシェアリングサービス「ecbo cloak（エクボクローク）」を運営。店舗の遊休スペースを活用し、コインロッカーの代わりに、事前予約で荷物を預けることができる。

エクボストレージで得た学びをエクボクロークに応用

◆学び1：オペレーション過多

　人員が少ないのに、倉庫の管理、荷物の物流、アプリの開発などやることが多すぎた。

応用1：オペレーションがシンプル

　荷物を預ける際や引き取る際のオペレーションはユーザーと店舗側が行うため、仕組みづくりとアプリ開発に注力できる。

◆学び2：PMF（プロダクト・マーケット・フィット）までの遠さ

　PMF到達までに最低1億円はかかる計算だったが、当時の資金は2,000万円しかなかった。実績や人脈もないため、資金調達のあてもなかった。

応用2：PMF到達に向けたPR戦略

　理想から逆算、分解し、今あるリソースでできることを考え、どこに自分たちのお金、時間、リソースを集中すべきか明確にした。実績を上げ、PR戦略をうまく使い、メディア露出を資金調達につなげる。

◆学び3：ニーズが非顕在

　参考にしたアメリカの市場2兆円に比べて、日本のトランクルーム市場は600億円と規模が小さかった。家にある荷物を外部に預けたいと思う人が日本では少なかった。

応用3：ニーズがすでに顕在化している

　日本のコインロッカー難民は17.6万人／日。あと30万個ロッカーが必要だが、土地不足でこれ以上増やすことができない、とニーズが明らか。

　さらに、実績を上げたことが信用となり、資金調達によって資金の問題を解決した。現在ecbo cloakは都市部を中心として北海道から沖縄まで日本全国で展開している。

2 創業から1年半。アクセルを踏み続ける次世代のコンテンツ企業

久保田涼矢（くぼた・りょうや）
1995年生まれ。愛知県出身。高校卒業後、スタートアップ企業に入社。
2015年にコロプラに入社。投資子会社のコロプラネクストを中心にシード〜シリーズBステージの企業を対象に投資育成業務に従事。2017年に株式会社FOWDを設立。代表取締役社長を務める。

株式会社FOWD
2017年6月設立。チャット形式で小説を閲覧・投稿することができるチャットフィクションサービス「Balloon」を同年7月より運営。同サービスは中高生を中心に支持を集めている。2018年8月に日本初の「チャット小説大賞」を創設。小説に限らずSNSドラマの制作やタレントのクリエイター活動の支援などミレニアム世代・Z世代向けのコンテンツ制作を中心に行う。

　私は現在23歳で大学生の皆さんと歳は近いですが、仕事を始めてからは長く、中学在学中から働き、大学には行かずに前職もコロプラという東証一部のスマホゲームの会社に勤めておりました。
　そんな僕が起業したのは2017年の6月。今からまだ1年半ほど前です。
　株式会社FOWDは次世代エンタメコンテンツを創る総合エンタメの会社です。
　現在は「Balloon」というチャット小説プラットフォームの開発／運営と、Balloon内で楽しむことのできるコンテンツの制作を主に行っています。
　Balloonはユーザーの9割が女性で、18歳以下を中心にダウンロード数も作品数も順調に伸びています。
　ありがたいことにこの1年半で様々なメディアにも掲載していただきました。
　メディアに掲載された記事を読むと順調に経営をしているように見えますが、キラキラしていない、表に出ない場面も多々ありました。
　今回は「アーリーステージで経験した事業課題とその解決」というテーマでお話させていただくということで、私が起業してから1年半の間に経験した5つの課題と、その課題に対してどのように向き合ったかを順々に

お話しします。

基本的には自分の失敗談を話すことになるので、何も誇らしい話ではないのですが、皆さんの今後のキャリアの参考になれば幸いです。

1 創業時の役員

現在 FOWD の役員は私だけですが、創業時はもう 1 人共同創業者がいました。

相手はそこまで付き合いの長い人ではありませんでした。これが今思うとよくなかった部分だったなと思っています。

ちゃんと自分の会社の目指す先や、スピード感をしっかりお互いが納得するまで話し合う事が出来ていなかったなと。

どんどんサービスが拡大し、人が増えていく中で、経営陣が揺らぐことはネガティブに働きます。

多くのスタートアップが経験する課題の1つかもしれませんが、焦って起業することはないので、もし一緒に起業したいと思う人がいるのであれば、しつこいくらいお互いの価値観を話し合うことをオススメします。

結果的に、もう1人の共同創業者は会社を去ることになります。彼が持っていた少なくない株は簿価ではなく、一定の価格で買い戻すことになりました。

当時の僕の役員報酬はとても少なかったので、もちろん金銭的にも厳しかったのですが、何よりかけた想いや時間の方が辛く感じました。

ここから学んだのは、「共同創業者とはよく話し合うこと」。更に挙げると、「共同創業者選びは慎重に」。今すぐに役員に上げる必要が本当にあるのかという部分を話し合ってほしいです。

次に、「株を分ける場合は実質的な代表者に寄せるべき」ということです。もし株を有していれば代表ないし他の株主が買い戻すケースが多いです。

資本政策は不可逆なので、投資家や先輩起業家に相談できる環境であれば、よく相談して進めてほしいです。

特別珍しい話ではなく、よく記事に書いてあることですね。僕は前職がCVC（コーポレートベンチャーキャピタル）で投資担当者として働いていました。

不思議と投資先に偉そうに言ってきたことが自分に置き換わると客観性を失ってできていないことは多々あります。

2 サービスのリリースとグロース

FOWDを創業して1ヶ月後、「Balloon」というチャット小説サービスをリリースしました。スマホに最適化した小説の投稿ができるサービスです。

LINEやmessengerのようなチャットUIで作品を読むことができ、情景や心理描写は少なく、会話が多くテンポよく進みます。

海外では「Chat Fiction」として一定規模の領域になっており、世界中でティーンを中心に支持を集めていました。

日本のコンテンツは必ず海外で通用する、素人の執筆した作品にファンがつき、それが世界中に届くようなサービスにしたいと思っています。

Balloonをリリースした同月に大企業がチャット小説アプリをリリースしました。その数ヶ月後に会社規模はバラバラですが、結果的には計10サービスほどが立ち上がります。

「半年〜1年以内に市場と呼べるよう競合サービスが一定でてくること」を想定してチャット小説領域で事業をスタートさせましたが、大きな資本力を持つ大企業に負けず劣らずPRを続けグロースさせていくことはとても難しいです。開発リソースの採用、マーケティング戦略の策定、それに伴う資金の調達。全てをバランスよく進めなければいけません。

Balloonはリリースのタイミングから、メディアミックスされる作品の創出を目指していました。そのため、ユーザー層は特化させ、高い熱量のコミュニティを形成すること、作品は長期連載を良しとしてメディアミックス化をしやすい作品を生み出しやすくすることを意識しました。この戦略は競合のどのサービスも実現できていないポジションで、結果的に小学館からの書籍化、SNSドラマ化、業界を巻き込み日本初のチャット小説

大賞の創設などを進めることができました。

3 資金調達

　ここ数年でスタートアップを取り巻く環境は大きく変わりました。そもそもの企業数も増えましたし、資金を投資するVC（ベンチャーキャピタル）も増加しました。

　その結果、2018年の資金調達額は昨年比22％増の3848億円と増加傾向にあります。FOWDは創業から一年半の間に数回の資金調達を行っています。

　金額や評価額、株主は非開示ですが、調達を重ねる中で投資家選びはとても重要です。ただ資金が欲しいのか、それとも事業提携ありきで考えるのか、各社の方針によって異なります。

　弊社の場合は、早い段階でコンテンツ業界のネットワークに入っていくために、元ゲーム系企業の取締役クラスを経験された個人投資家や、一部上場のゲーム会社、また出版社やゲーム会社をLPにもつVCからの調達を行なっています。その他にも、今後の海外展開を見越して海外に拠点をもつベンチャーキャピタルも数社株主になってもらっています。

　コンテンツ領域はボラティリティが高く、ロジックで一定まで詰められても、「絶対に当たる」ということを予め証明することはできません。1作目がヒットするかもしれないですし、100万作あってもヒットしないこともあります。調達の難度が高いため、スタートアップの調達額は増えていても、近年はコンテンツ系の企業は多くないのが現状です。

　弊社の場合、他社が真似できない圧倒的に熱量が高く希少性の高い属性をユーザーに抱えることでポジションを確立し、次にお話しする部分でもありますが、アライアンスを進めて「ヒットを生み出す可能性」を高める動きを続けています。これらのロードマップをしっかり筋道立てて設計することで、ボラティリティの高い領域でも調達を重ねられていると思っています。

4　他社との提携

振り返ると様々な企業と提携していますが、順調に提携が進んだわけではありません。創業初期には、耳障りの良い座組みで提携を持ちかけられ、結果騙されてしまうこともありました。

メディアに出ることが増えたり、PRを強めていくと、こういった邪な考え方をする人から標的にされてしまうこともあります。持論ですが、結果的には騙されてしまう方が悪いと思っているので、自分の身は自分で守れるように、どんな話を持ちかけられても、正しく判断ができるように知識を蓄えておかないといけないなと思います。

提携の話を進める際に、業界のパワーバランス、企業内のキーマン、それぞれの関係値を見ながら話を進めていく必要があります。この関係値がそれほど積み上がってないのに舞い込んでくる美味しい話は大抵裏があるものだと思っています。この関係値、言い換えると信頼残高や信用残高と言っているんですが、それが高い状態の方が大きな話を進めやすいです。どういった行動、やりとりが信頼されるのか、誰に応援してもらう方が信頼されるのか、どの会社が出資した方が信憑性が増すのか。ある種打算的に考えながら、やれることは全てやり切って進めていって、なんとか今があります。

5　社長のメンタル問題

最近メンタルヘルスの問題も話題になることが増えましたが、平均値から見ると、起業家が鬱になる確率は高く、起業家の実に49%が鬱になっているというデータもあります。

実際はもっと多くの人が心を病んでしまっていると感じています。鬱と診断されていないだけで、常日頃から自分を追い込み、影響範囲の大きい意思決定を続け、なかなか人に話すことのできない悩みを多く抱えます。僕は究極社長の心が折れなければ会社は死なないと思っているのですが、そのために2つのことが大事だと思います。

1つ目は、自分のメンタルにマイナスの要因を与える事柄を排除すること。起業家に限ったことではないですが、近年ではSNSでの誹謗中傷や、些細なやりとりからというのはよく聞く話です。

　SNSをはじめとするコミュニティでの薄いつながりをなくし、炎上しそうな取材や企画は断り、会社経営に集中できるような状態をつくる工夫を考えています。

　2つ目は、自分のメンタルを保つ、もしくはプラスにできる要因を増やすことです。これが人によっては家族だったり、友人だったり、趣味だったり、様々あると思うのですが、僕の場合は同じ起業家仲間との付き合いに救われた部分は大きく、株主が創っているコミュニティだったり、起業したタイミングが近い友人であったり、そういったビジネスとプライベートが重なるような友人の存在にとても救われています。何か厳しいことがあった時に、1人で抱え込まず、ガス抜きができる先をしっかり作ることが重要だと思っています。

6　それでも達成したい未来がある

　スタートアップは1年以内に40％が潰れ、最終的には90％が潰れると言われています。そんな厳しい状況の中、これまで挙げたような課題に直面しつつもなぜ続けているのかというと、達成したい未来があるからです。

　これからのテクノロジーの進化と共に、コンテンツも複雑化していきます。より個別に最適化されたコンテンツが求められるようになってくるでしょう。アメリカのVR広告の分野では、映画の中に観ている人に合わせた広告が表示されるというパーソナライズが進んでいます。

　これは広告だけではなくコンテンツにも応用することができるでしょう。例えば、今の10代のユーザーは「メール」という言葉を使いません。その代わりにチャットするとか、メッセするという言葉を使います。逆に、年代によっては連絡手段としてメールよりも電話の方がしっくりくるかもしれません。

　見る人によってコンテンツの内容を出し分ければ、どんな人が見ても面

白いコンテンツが作れるのではないでしょうか？　おじいさんと孫が一緒に映画を観に行って、どちらも楽しめるようになればいいなと思っています。

　スタートアップに課題はつきものですし、AがおきたらBをやればいいという絶対解があるわけではありません。ただ、それを突破する原動力になるような夢や未来を描くことが一番難しい課題であり、これさえできれば何が起きても大丈夫なのではないかと思います。

質疑応答

――起業をしようと思ったきっかけは何ですか？

　私は親と疎遠で、23年のうち10年くらいは一緒に住んでいません。そのため、高校へ行くお金を稼ぐために中学生の頃ホームページの受託を始めたのが初めての仕事でした。この事業について言えば、きっかけは「高校に行くため」です。

　現在のFOWDという会社をこの事業で、この領域でやるという風に決めたのは、VCとして働く中でエンタメやBtoCの領域に若い起業家が少ないことに気づいたからです。みんな最近は難しいのをやりたがるんですね。カタカナばっかりの、ブロックチェーンやAIなど難しい領域はおそらく頭のいい人がやってくれると思うので、私は自分がやりたいところでやりたいと思っています。それがエンタメの領域だったということです。

――学生のうちにしておけばよかったと思うことや、これはやっておいた
　方がいいと思うことはありますか？

　友達はたくさん作っておいた方がいいです。最近、友達と宗教の研究を始めまして、最終的には本を出すのを目標にしようと色々話し合うのがとても楽しいです。社会人になってから研究というものに興味が出てきました。

　ARやホログラムの技術は前職の先輩や同僚に教えてもらっていますし、人とのつながりは自分の糧となります。今のうちに連絡先を交換したり、一度会っておくと良いのではないでしょうか。

講演要約

 スタートアップに課題はつきもの。かつ絶対解はない。それを突破するような、原動力となる夢や未来を描くことができれば何が起きても大丈夫。

チャット小説サービスを「Balloon」を提供する株式会社FOWDの創業者・久保田氏がアーリーステージで経験した5つの事業課題とその解決。

①創業時の役員

一緒に起業したいと思う人がいるのであれば、しつこいくらいお互いの価値観を話し合うことが重要。

②サービスのリリースとグロース

サービスリリースのタイミングからゴールをイメージし、解像度を上げながら開発リソースの採用、マーケティング戦略の策定、それに伴う資金の調達などのバランスが重要。

③資金調達

スタートアップを取り巻く環境は劇的に変わってきている。少しでも成功確率を上げる工夫ができるかどうかが調達力に繋がる。

④他社との提携

相手との信頼残高を高くしていけるように、やれることは全てやり切る力が必要。

⑤社長のメンタル問題

自分にとってマイナスの要因を限りなく遠ざけ、プラスになることをしっかりと見つけ、会社経営に専念できるようにする。

平均24歳のスタートアップを支える代表の行動力

中山雅久理（なかやま・まくり）
1994年、福島県福島市生まれ。2013年に大学入学と同時に上京。学生時代からリクルート、日本法人アリババの出身者らが立ち上げたスタートアップにインターンとして参加する。2016年 MAKERS UNIVERSITY1期生を経て、株式会社 結.JAPAN を創業。

株式会社 結.JAPAN（ユウドットジャパン）
2016年6月設立。中華圏旅行者に動画やライブ配信で日本をPRする動画メディア「wafoo - 玩日本」の提供など、訪日観光市場でインターネットコンテンツを活用した事業展開を行う。平均年齢は24歳（2018年10月現在）。

　まず始めに「アーリーステージ」についての認識を揃えさせていただきます。私はアーリーステージを「サービス＝売るものがあって、その売上やユーザー数が急カーブを描いて増えつつあるフェーズ」と定義しています。今回はそのフェーズにいる企業がどういう事業課題に直面しているのかを、私の体験をベースに共有させていただきますので、その認識で読み進めていただければ幸いです。

　「結.JAPAN」は2016年に創業しました。訪日観光市場で日本旅行に来る海外の方向けの事業を行っています。法人向け事業では、動画やライブ配信を活用して日本を紹介する広告事業を展開していて、まだ本格的ではありませんが日本旅行のネット予約サービスも現在作り込んでいるところです。

　広告事業の一環として「wafoo」という自社メディアも運用しています。これは中華圏のユーザーへ向けて動画やライブ配信で日本を紹介する分散型メディアです。FacebookやInstagramをはじめ、中国大陸でシェアの高いWeiboやWeChatなどを利用して動画の配信を行っています。

　なぜ中華圏かというと、まず第一に訪日旅行客の半数以上が中国語圏の方々だったためです。さらに、英語圏に強い企業は多くありますが、国内に中国語圏に強い企業があまり存在しなかったためです。ここにビジネ

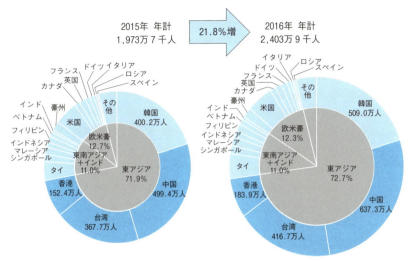

訪日外客数のシェアの比較2015年／2016年

チャンスを感じ、中国語圏に特化して事業を行うことにしました。

1 中国語圏の人材を採用するためには？

　起業にあたりマーケットとして中華圏に着目したものの、私は福島育ちの日本人なので中国語はわかりません。彼らの生活やライフスタイルもわからないので、どういう動画やライブを配信したら喜んでもらえるかもわかりませんでした。そこで、ビジネスを始めるにあたり中国語圏の人材を採用することにしました。

　それまで中国語圏の人とのつながりがなかった私がとった方法は、大学の留学生コミュニティの利用です。早稲田大学にも他の大学にも、留学生のコミュニティがあります。SNSを利用してコミュニティ内の中華圏の方々に「うちで働きませんか？」とメッセージを送りました。メッセージを送った人数は1日100人以上にのぼります。

　そうやってアクションを起こすと、かなりの人数に実際に会うことができました。その中には子供の頃に上海でアイドルをしていた人や、28万人

のフォロワーがいるインスタグラマーもいました。彼ら、彼女らを採用して中華圏メンバーをどんどん固めていき、中国語圏マーケットを攻略する体制を構築していったのです。

2　中華圏ビジネスの情報を得るためには？

　私は田舎育ちですし、デジタルマーケティングに詳しいわけでもありません。そもそも学生起業なので社会人経験がありません。そんな私が中華圏をターゲットとしたビジネスを始めるにあたり、まず突き当たったのが「中国語圏ビジネスとは何ぞや」という疑問です。

　どうしたら中国ビジネスの情報に詳しくなれるのかを考えていくと、中国企業とのネットワークをもっと強化していけばあちらの情報が入ってくるようになるのではないかということに思い当たりました。中国企業といっても具体的にイメージしづらいかもしれませんが、例えばTik Tokを運営するByteDance（バイトダンス）があります。2012年創業で、2017年には時価総額2兆円になっています。そういった企業を分析したら、あちらのことを知ることができるのではないかと思いました。

　どうしたら中国企業とのつながりができるのかを考えた際、私はシンプルに北京へ行きました。特に知り合いがいたわけでもありませんが、北京へ行けば何かが変わるのではないかと思ったのです。

　前述のバイトダンスがあるのが北京です。私がそこへ乗り込んでいくとちょうど日本人のエンジニアがいらっしゃって、バイトダンスの中を色々紹介してくれました。今ではバイトダンスの中に知り合いが何人かできてきましたが、元々はこうして直接乗り込んでいったのがきっかけです。これにより「中国ではWeChatやWeiboを使ったほうがいい」「今有名なKOL[3]は〇〇だ」といった情報が入ってくるようになり、中国ビジネスにどのように取り組んだらよいのかがようやくわかってきました。

3）「Key Opinion Leader」の略。多方面に影響力のある人物のこと。日本ではインフルエンサーと呼ばれることも多い。

3 アーリー期の資金調達はどのように？

　創業して、1期目は特に資金調達をせず自己資金でやっていました。資金調達をしなければならないと思うようになったのは、動画メディアやライブ配信を行う「ライバー」に注目して本格的に資本が必要になってからです。当時は資金調達のやり方も全くわからず、インターネットで調べて「どうやら個人投資家やVCという人達がいるらしい」「その人達から数千万円のお金がもらえるらしい」と、その程度のリテラシーしかありませんでした。

　そのような状態でありながら、私は有名なエンジェル投資家[4]である千葉功太郎さんから出資をしていただけることになりました。千葉さんの元には毎日色々な人から連絡がきます。あまりにたくさんの連絡がくるので、SNSからメッセージを送っても通常は見向きもされません。千葉さんと面識もない私が、どのようにして出資をしていただくまでに至ったのでしょうか。

　私がとったアプローチ方法は「親族を口説く」というものです。千葉さんと関係の深いとある人物がスタートアップをやっていらして、そちらと連絡を取ることはできたので、その方経由で千葉さんを紹介してもらいました。結果的に千葉氏とその方共に「そういうアプローチをしてくるとは」と気に入っていただき、出資をしていただくことになりました。ただ、これから資金調達をしようとする人が私と同じことをしてもそれは二番煎じになってしまうので、そこはさらに試行錯誤が必要かなと思います。

　一度資金調達に成功すると、そのことが信用になって更に調達をできるようになります。信用を積み重ね、現在5,000万を少し超えるくらいの調達ができています。

4）創業間もない企業に対し資金を供給する富裕な個人のこと。（出典：Wikipedia）

4 アーリー期を乗り切るための心構え

アーリー期の企業というのは、売上やユーザー数がドンとのびるタイミングでありながら、経験やノウハウは不足している状態です。私自身も営業やマーケティングの経験があったわけでもありませんし、動画の技術に詳しかったわけでもありません。どうしてもそういった状況の中で事業課題を解決していかなければならないのです。これを突破しなくては絶対に成長できません。

なので、できることはどんどん仕掛けていく必要があります。急に北京へ行ったり投資家の奥さんに連絡をしたり、普段だったらしないような行動もしなければなりません。私はたまたまそういうことを躊躇なくできる愚か者だったので、ガンガン突き進んでいきました。結果、痛い目にも遭いましたが、良いこともあったのではないかと思います。

数々の挑戦の結果として、今の私と結JAPANがあります。

質疑応答

——大変行動力があるように感じましたが、その源泉は何ですか？

父の影響が一番大きいと思います。父は年商10億くらいの中小企業を経営していて、かっこいい一面もある反面、女性関係などだらしない面もある人でした。そんな父を見ていたので、私の中での経営者のイメージといえば「豪快でもありだらしなくもある人」というものでした。しかし、幼少期に父の尊敬する稲盛和夫さんの「生き方」という本を読ませていただき、どうも自分がそれまでイメージしていたような経営者ばかりではなさそうだと感じました。そして、シンプルに「経営者とはどういう生き物なんだろう」と思ったのです。

自分はどういう経営者になれるのだろうという興味はありますし、だらしない経営者にはなりたくありません。そういう思いに突き動かされているような形です。

――やらなければよかった、やって失敗したと思うことはありますか？

　先程人材確保のために毎日100人に連絡したと言いましたが、あれはもっと効率的にできたのではないかと今では思います。知らない人からSNSでメッセージがきても普通は困りますよね。実際に「迷惑だからやめてください」と何度も言われました。知らない人に「うちの会社に入りませんか？」「会ってみませんか？」と言われたらやはり怖いですよね。

　ただ、当時はそれしか方法がなくてやっていたので、やらなければよかったとは思っていません。

――動画やライブ配信で対象を紹介する手法は旅行業以外にも活用できそうですが、事業拡大の予定はありますか？

　越境ECは視野に入れていまして、日本酒や伝統工芸品などの特産品を紹介して販売するというのは検討しています。

　中国は日本と比べて市場に流通する偽物の数が非常に多く、ネット通販の前にライブ配信で本物かどうか見極めるということが習慣として行われています。そういった中国におけるECの作法にも合致するので、可能性としてはあると思います。

講演要約

ポイント 人に会う。現地に赴く。挑戦し、仕掛け、躊躇なく突き進んでいく。

　中国語圏の旅行者へ向けて動画やライブ配信で日本を紹介する結.JAPAN。同社のアーリー期において「ヒト」「情報」「カネ」の課題を解決するために中山氏がとった行動とは？

①ヒト──中国語圏の人材を採用するためには？

課題：中山氏には中国語や中国語圏の人々のライフスタイルに対する知見がなかったため、中国語圏の人材を採用する必要があった。

解決：SNS上の各大学の留学生コミュニティから中国語圏の人へ「うちで働きませんか？」とメッセージを送った。その数は1日100人以上。そうして上海の元アイドルや28万人のフォロワーがいるインスタグラマーと出会い、採用することで、中国語圏マーケットを攻略する体制を構築していった。

②情報──中華圏ビジネスの情報を得るためには？

課題：中華圏独特の商慣習やよく使われるSNSなど、中華圏ビジネスの情報が足りなかった。

解決：中国企業とのつながりを持つため、北京へ行きByteDance（バイトダンス）の日本人エンジニアと知り合いになった。そしてバイトダンスの中を案内してもらったりバイトダンス内に知り合いを増やすことで中華圏ビジネスの情報を得ることができるようになった。

③カネ──アーリー期の資金調達はどのように？

課題：資金調達に対する知識や投資家に対する信用が不足している状態で資金調達を行う必要があった。

解決：普通に連絡しても相手にしてもらえない有名エンジェル投資家の千葉功太郎氏と連絡を取るため、まずは千葉氏と関係の深い人物へ連絡を取り、そこから千葉氏に紹介してもらった。その結果、「そういうアプローチをしてくるとは」と気に入ってもらい、出資してもらうことに。一度資金調達に成功するとその成功が信用となり、次の資金調達をすることができる。

4 気鋭の教育家による社会問題解決への挑戦

井上創太（いのうえ・そうた）

1991年生まれ。大手教育系企業で2年間教育事業に携わり、2年めから中学生を含む高校2年生以下の生徒を指導するリーダーとなる。大学4年生の後期に内定を辞退し、1年間の休学を決意。学生団体を立ち上げ、500人以上の学生にプレゼンテーション等のワークショップを実施。2015年に株式会社BYDを設立。代表取締役を務める。

株式会社BYD

2015年1月創業。大学生を主な対象とした若者向けビジネススクール「3rdClass」の運営、セミナー事業、採用コンサルティング事業を行う。

　株式会社BYDでは学生向けのスクール事業や企業・省庁向けの研修事業を行っています。中でも主となるのが「3rdClass」という大学生を主な対象としたビジネススクール事業です。3rdClassでは、話す力、自分の頭で考える力、ディスカッションをする力など、社会に出てから必要となるさまざまなスキルを身につけてもらうことを目的としています。このスクール事業は会社設立以来3年半ほど継続しています。

　現在27歳の私が学生時代にどのような大学生だったかというと、あまり一生懸命勉強するタイプではなく、大学生ながらに社畜をしているような学生でした。大手予備校でアルバイトをしており、全国1位の実績を獲得したこともありました。大小様々なイベントを開催し、学生向けのプレゼンテーションワークショップも100回以上実施しました。その流れで現在もスクール事業を行っています。

　私は現在株式会社BYDの代表取締役を務めています。代表取締役とは何かというと、責任者です。会社の責任の全ては代表取締役にあると常に思っています。これから事業課題とその解決についてお話ししますが、話す内容や起こったことの全責任は井上創太にあります。それを踏まえた上で、どういうことが起きているのかを説明したいと思います。

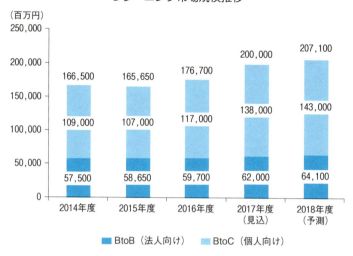

eラーニング市場規模推移

1 店舗型事業の限界と挑戦

　僕らは店舗型の事業をしています。実際の店舗は持っていませんが、リアルの場所で事業をしています。だから早稲田大学と一緒で、この授業を受けるためにはこの場所に来なければいけません。すると、東京近郊に住んでいる人しか受講できないということが、まず1つ目の経営課題になりました。

2 広がる情報格差

　キャリア教育というものを1つのサービスとしていますが、これを求めている人は、実は地方にかなり多いのではないかと思います。例えば、地方の高校の授業は意外と受験勉強ばかりだったりします。地方だと資格の勉強も大学に入ってからもしておらず、それこそ本当に地方だと、仕事自体がほとんどない、新卒の仕事がない、親の仕事を継ぐ以外に仕事が選べないなどの問題が起こっています。

　東京にいると、当たり前のように、早稲田の学生でも、慶應の友達もい

れば、明治の友達もいれば、上智の友達とか東大の友達もいたりしますが、地方にいると自分の大学にしか友達がいないみたいなことが本当にあります。

また、地方には東京でやっているような長期インターンシップのようなものもあまりありません。ベンチャーやITベンチャーなども少ないということで、情報の格差が非常に大きいのです。

僕は何をするかではなく、誰とするかが非常に重要だと思っています。例えばこれから何かをしたいという時や、この企業に入りたいという時に、その一緒にやる人を徹底的に知り合うことが、すごく大切です。

その上で、このような時代だからこそ、「みなさん自身って誰ですか？」ということが大切になります。僕はよく「Who are you？」と聞いたりしますが、この質問に対して、しっかりと自分の中で答えられ自分になってほしいです。

このようなことも、実際に人との議論や情報交換があってこそできていくようになります。

3　オンラインで全国を繋ぎたい

僕らは「3rdClassOnline」を作ろうとしています。課題背景は、以下の通りです。

今、僕が地方にキャリア教育やビジネスを教えに行く時、だいたい大学や高校と提携します。当然、1回行っただけでもとても高い交通費と講師費用がかかります。授業時間も必要です。だから僕を12回呼ぶということになると、とても費用がかかるので短発で終わってしまいます。結果として、継続して学べないのです。

そこで、アクティブラーニング[5]型の授業で、オンラインでどこにいても受けられるサービスにしたのが3rdClassOnlineです。

内容としては、2時間の授業の中で、15分間映像を見て、問いや設問に

5）学修者が能動的に学習に取り組む学習法の総称。（出典：Wikipedia）

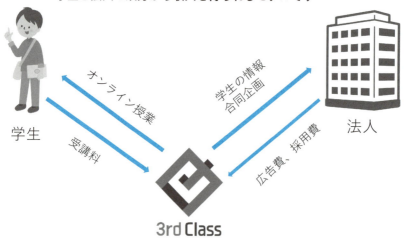

対して自分の意見を書き出してディスカッションし、最後にプレゼンをして、振り返りの時間をして、また翌週の同じ時間に向けるというものです。

　最後までがんばれるように、サポートする人をつける「メンバー制度」もとり入れています。

　オンラインで、テレビ会議通話や映像配信システムをうまく使えば、リアルで受けられない人たちも受けられるのではないか、さらには英語ベースで各国の人とディスカッションすることも可能じゃないか、という形で今課題解決をしています。

　ちなみにこれを高校生向けにも、社会人向けにもやろうと思っていて、来月からクラウドファンディング[6]を始めます。

4　採用の失敗は研修で取り戻せない

　もう1つの経営課題が「採用」です。

　よく言われますが、採用の失敗は研修では取り戻せません。ミスマッチ

6）2019年1月31日、目標額300万円に対し支援額312万円で達成した

な人材を採用してしまったら、どんなにいい研修をしたとしてもその会社にマッチするようにはなりません。そうなってしまうと会社の中でその人が価値を発揮することは難しいと言われています。

採用を検討する対象の人材を4つに分けました。（ロイヤリティ[7]はモチベーションややる気と言い換えてもいいかもしれません）

①スキルが高く、ロイヤリティも高い
②スキルは低いが、ロイヤリティは高い
③スキルが低く、ロイヤリティも低い
④スキルは高いが、ロイヤリティが低い

あなたならどの人材を採用するでしょうか？

多くの企業が一番採りたいのは①の「スキルが高くロイヤリティも高い」人材でしょう。これは当然のことです。場合によっては②の「スキルは低いがロイヤリティは高い」人材を育成してスキルを上げるのも非常に重要な手腕だと思います。

では、一番採用してはいけないのはどの人材でしょうか？

実は一番採用してはいけないのは、③「スキルもロイヤリティも低い」人材ではなく、④「スキルは高いがロイヤリティが低い」人材です。

③の人材はスキル＝実力がないので、たとえ喧嘩別れしたとしてもあまり問題にはなりません。ところが④の人材は頭が良く弁も立つことが多いので、同調圧力を形成することに長けています。もし採用してしまった後に意見の対立等の円満でない形で辞めることになった場合、会社に対してダメージを与えたり、障害となる存在になる可能性があるのです。

5　採用に失敗するとどのようなことが起こるか

私も実際に採用に失敗してしまったことがあります。その場合に起こったことは、まず売上の減少でした。売上が上がる見込みを立てて採用しても、採用した人材が想定したほど動いてくれないので売上が上がりません。

7）忠誠心。また、誠実さ。（出典：コトバンク）

そして、支出ももちろん増大します。採用をするということはそれだけの人件費を支払わなければなりません。失敗した分だけ無駄な支出は増えていきます。

　数字的な問題以上に重たくのしかかってくるのが、仲間と顧客への悪影響です。例えば、ミスマッチな人材を採用してしまい、その人物と私との間に不和が生じたとします。私はその人物から全くリスペクトされない状態になります。こうなると、私とその人物との間だけの問題ではなく、悪い雰囲気がどんどん伝染していくのです。

　一緒に働く同僚はもちろん、顧客にまで伝染してしまう場合もあります。我々のスクール事業は人に対して直接的にサービスを提供するBtoCなので、顧客からの信頼喪失は致命的です。

　実際に悪い雰囲気が顧客まで伝染してしまった状況がありました。

6　採用失敗による悪影響をどのように乗り越えたのか

　まず私は即座に新体制を構築しました。中心となるのは私を信頼してくれているメンバーのみです。その上で改めて株式会社BYDや3rdClassが目指すところや目的などのビジョンをすべてのスタッフと共有し、もし合わないなと感じたら辞めてもらって構わないという話をしました。ビジョンに共感できる人間だけでチームを再構築したのです。

　そして、今自分たちのところへ来てくださっているお客様と徹底的に向き合うことに専念しました。おかげで徐々に信頼を回復することができ、今に至ります。私はこの件で、やはりどれだけ人と真摯に向き合うかというのが経営上大事なのではないかと学びました。

　ものごとは「何をするか」よりも「誰とするか」が非常に重要です。これから起業をしたいならば、その事業を一緒にやる人は「どのような性格なのだろうか」「どんな強みを持っているのか」「何が好きで何が嫌いなのだろう」「何を目指している人なのだろうか」ということを積極的に知ろうとし、同時に自分も開示していくことが非常に大切なのではないかと思います。

私はよく「Who are you?」と問いかけることがあります。「あなたは何者ですか？」という問いです。

　皆さんは何者なのか？　何が好きなのか？　何ができるのか？　普段、何をしていて、何をしたい人なのか？　どんなものを持っているのか？

　ぜひ少しでも考えるようにしていただきたいと思っております。

質疑応答

――採用のミスマッチを避けるために学生側がとれる策はありますか？

　経営陣と反りが合うかどうかはよく考えるべきです。大企業では新入社員が経営陣と関わることはないと思いますが、1,000人以下の会社であれば何かしら経営陣と関わることになると思います。そこで考えや波長が合うか合わないかは非常に重要な要素です。

　大学生のうちに働いてみるのもいい手段だと思います。長期インターンとして企業で3ヶ月、もしくは半年、1年くらい働き、「働くとはどういうことだろう」「企画を立てて実行するとはどういうことだろう」「自分のもらっている給料は何なのだろう」ということを学生のうちによく考えておくといいのではないでしょうか。

　その業界で働いたことがあれば、大体雰囲気はわかるものです。その業界で働くということがどういうことかわからないまま入ってしまうこともミスマッチの原因になっているのではないかと思います。

　例えば、私は学生時代予備校で働いていたので、予備校の内部のことや教育産業のことがよくわかっていました。もし社員としてその予備校に入ることになったとして、塾長や校舎長になるイメージを具体的に持つことができていたのです。予備校で働いていない人に校舎長がどのようなことをやっているかイメージがつくでしょうか？　おそらくつかないでしょう。

　逆に私は飲食でアルバイトをしたことがないので、飲食の社員、例えばカフェの店長や居酒屋の店長がどのような仕事をしているかはわかりません。しかし、飲食でアルバイトをしたことのある人ならば何となく想像がつくでしょう。

それと同じで、インターンとしてその業界に入って実際に働いてみることで、自分に合うか合わないかがつかめてくると思います。

——社外に仲間を持つことのメリットは何ですか？

　社外の情報を手に入れることで社内を客観的に見られることや、自分自身のつながりが増えることです。あとは、万が一自分の会社が潰れたり業績が悪化したりして転職を考えた場合に、社外に頼れる人がいるというのはリスク回避にもなるのではないでしょうか。私自身はそういう状況になったことがないので想像でしかありませんが。

——社会人になっても楽しそうな人の特徴は何ですか？

　その会社で成果を出せている人だということです。総合職として企業に就職すると、一人ひとりの成績が出ると思います。学生でいえば試験の点数のようなものです。そこでいい成績を出せていると上司からは褒められるし、後輩からは尊敬されます。そういう人は割と楽しそうです。

　たまにいい成績が出せていても「本当は違うことがやりたいんだよな」と楽しそうではない人もいますが、いい成績を出せている人ならば自分が楽しいと思う場所へ転職することが可能でしょう。

　あとは、好きなことをやっている人はやはり楽しそうですね。

講演要約

 顧客に向き合い、機会を創造し、情報格差を解決する。

教育という機会を生かし切る

大学生の時に大手の教育系企業で教育事業に関わり、学生をめぐるビジネスの状況を知り、問題解決のために起業、若者向けビジネススクールを立ち上げる。地方と都市の情報格差をなくしていくためにオンラインスクールもクラウドファンディングにて立ち上げ中。

ビジョンを明確にして顧客と徹底的に向き合う経営をしている。

就職する学生たちへメッセージ

・学生のうちに小さい失敗をたくさんしておく
・時間を何に使うか考える
・学外に仲間を持つ
・「これなら勝てる」武器を持つ
・目的意識を持つ

採用の失敗は研修で取り戻せない

ミスマッチな人材を採用してしまったら、いくらいい研修をしても自社にマッチする人材にはならない。最初からミスマッチな人材を採らないようにすることが大切。

①スキルが高く、ロイヤリティも高い
②スキルは低いが、ロイヤリティは高い
③スキルが低く、ロイヤリティも低い
④スキルは高いが、ロイヤリティが低い

採用対象を上の4つに分けた場合、最も採用してはいけないのは④の人材。もし対立してスキルの高い人間がミスマッチによる不和から敵に回った場合、会社の脅威となる。

もしミスマッチな人材を採用してしまったら……？

採用失敗による不和から社内に悪い雰囲気が蔓延し、顧客にまで伝播してしまった際、すみやかに自分を本当に信頼してくれるコアメンバーと共に新体制を構築した。そして、全スタッフと目指すビジョンを共有し、賛同してくれるメンバーのみ残ってもらった。ビジョンを明確にして顧客と徹底的に向き合うことで、信頼を回復することができた。

IDと鍵で世界を変える 大型スタートアップの狙い

江尻 祐樹（えじり・ゆうき）
1985年生まれ。大学時代は建築／デザインを専攻、DJやアーティストとしても活動。2008年リンクアンドモチベーショングループに入社。2009年末にワークスアプリケーションズへ入社。人事・会計・SCM・ECなど幅広い領域を経験。全社MVP、最優秀プロジェクト等多数獲得。ファンドからの大型資金調達も経験。2018年8月に株式会社ビットキーを創業。代表取締役CEOに就任する。

株式会社ビットキー
2018年8月1日創業。ブロックチェーンから着想を得て、暗号・P2P・分散技術を活用した全く新しいデジタルID認証／キー基盤を開発し、その技術を生かし「カギとトビラの再発明」をテーマに、事業化する。創業から1年で総額10億円超の資金調達を実施。2019より月額300円〜利用できるスマートロック「bitlock LITE」ほか、複数のプロダクトを提供。

　弊社ビットキーは、登記自体は2018年5月にしていたのですが、2018年8月に創業したスタートアップです。創業時のメンバーは経営者を含めて12名です。少し古くなりましたが『リーンスタートアップ』などの本には大体「最初は小型で始めて、プロダクトマーケットフィットまで行ってから一気に人の数を増やそう」ということが書かれていますが、我々はその常識とは真逆で、初めから全力で挑む、創業時に12名、現在で28名の社員がいる会社です。2019年の3月末までには40〜50名になる予定です[8]。

　少しだけ自慢をさせてもらうと、シードラウンドという一番初めのタイミングでありながら総額3.4億の資金調達も実施しています。

　今回は起業したての生々しさやどんなことを考えてきたかをはじめ、いかに事業の価値を認めてもらって資金調達をしたかという点についてお話したいと思います。

8）2019年6月末時点で75名となっている。

1　シェアリングエコノミー時代の課題を解決するスマートロック

　皆さんはスマートロックというものをご存知でしょうか。玄関などの扉の鍵部分に機器を設置してスマートフォンで鍵の開け閉めをできるようにする仕組みのことです。スマートロック自体は既に先行するスタートアップで製品として存在し、安いもので1台15,000円程度、高いもので5万円程度で販売されています。

　我々はこのスマートロックを月額300円〜1,200円という低価格で提供し、さらにそれを活用した今までにない付加価値のあるサービスを提供していく事業を行っています。

　ITの歴史はパソコンをスタンドアローンで使用していた時代から始まり、インターネットを通じて情報がやり取りされるWeb時代、ネットを介して個人と個人がつながるSNS時代へと進化してきました。そして昨今台頭してきたのが、ドライバーと乗客のマッチングのuberや民泊のAirbnbのようなシェアリングエコノミーです。

　シェアリングエコノミーにはこれまでの時代と大きく違う点がありますGoogleで情報を検索するにしろ、SNSでつながるにしろ、これまではバーチャル上のみでサービスが提供されていました。しかしシェアリングエコノミーは、流入やマッチングまではパソコンやスマホのアプリを使用してバーチャル上で行われるものの、最終的には人と人が会ったり実際の空間に入って中を利用するなど、入り口はバーチャルでも実際の出口、利用はリアルの世界で行われるのです。

　ここで発生するのが「時空間の一致問題」です。我々はこれを解決したいと考えています。

　例えばAirbnbを利用して宿泊をする場合、予約はバーチャル上でできても鍵の受け渡しのために家主と宿泊者が同じ時間・同じ場所（空間）を合わせなくてはいけません。しかし、バーチャル上でのメッセージのやり取りに比べて、リアル空間で時空間を一致させるには大きなコストがかかります。私もAirbnbで予約をした際に、相手の仕事が忙しくてなかなか鍵を渡しに来てくれず困ったことがありました。

事業背景と解決課題 新しいサービスエコノミー時代における"カギ"の再発明ニーズ

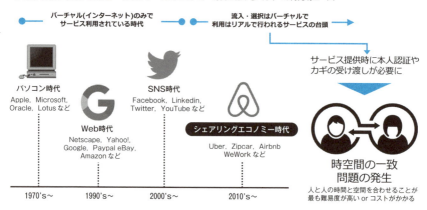

uberでも利用をするにはドライバーと利用者が時空間を一致させて同じ車に乗る必要があります。今はドライバーが人間なので「お前は本当に江尻か」と本人確認ができますが、今後自動運転の車が出てきた場合、本人確認はその人のデジタルIDでしか行なえません。本人ではない人を乗せてしまったら問題になります。これはサービス提供者側の人がサービス利用者と時空間を一致させていないがために起こる問題です。

このように、シェアリングエコノミー時代においては「人と人の時間と空間を合わせること」の難易度とコストの高さが最大の課題となっています。

2　カギとトビラの再発明による新しい「鍵」の形

この問題を解決するために我々が開発・提供するのが、社名にもなっている「bitkey platform」です。

「bitkey platform」はスマートロックにおけるデジタル「鍵」をバーチャル上で安全かつ便利に受け渡すことができるプラットフォームです。この場合の「鍵」は実際に手に取ることができる物質としての鍵ではなく、スマートロックを解錠できる権利のことを「鍵」と呼んでいます。例えば家の「鍵」の所有者である家主からバーチャル上で「鍵」を受け取れば、

人と人が時空間を一致させて実際に会わなくても解錠の権利を受け渡すことができます。

さらに「bitkey platform」の特徴は「条件付き」の鍵を柔軟に発行できることです。例えば「明日の15時〜18時の間に１回だけ使える鍵」「２階のエリアは入れるが他のフロアは入れない鍵」のように条件を付けてコントロールすることができます。

時空間の一致問題の解決に加え、私はこのプラットフォームで「宅内サービス」の拡大も実現できたらと思っています。宅内サービスとは、家人が不在の間に家の中に入ってサービスが行われるものです。

たとえば、自宅の外で宅配便の配達通知を受けた場合に「１回だけ家の玄関を開けることができる鍵」を宅配業者に渡せば、荷物を家の中に置いておいてもらうことができます。ハウスクリーニングや家事代行も、入れるエリアや時刻の条件を付けた鍵を「bitkey platform」上で渡しておけば、仕事で不在の間に済ませてもらうことができます。

この「bitkey platform」により生み出されるサービスと経済圏を我々は「Tobiraエコノミー」と呼んでいます。

3 創業3ヶ月で3.4億の資金調達をするまで

我々はこのTobira事業は世界を変えるスタートアップ事業だと思っていますが、実は一番はじめに知人のベンチャーキャピタリストや起業家に話を持っていきました。その際、日本のベンチャー投資としては前例がないので厳しいのではとの意見がほとんどでした。創業間もない、売上はおろか、プロダクトもまだないスタートアップが数十億のバリエーションで調達するという前例のないことをやろうとしているので、ある意味当然のことと言えるかもしれません。

Tobira事業は「人・カネ・技術」のリソースを大量に必要とします。多くのビジネスパートナーとの連携も必要ですし、プラットフォーム構築のため、また今後視野に入れているAIや生体認証のための技術も必要です。さらにソフトウェアだけではなく、扉に設置するデバイスというハー

ドウェアを作らなくてはいけません。当然それらの生産をして物流で供給するサプライチェーンも必要となります。最初からこんな難易度の高いことを考えるスタートアップは世界的にもほとんどありません。

　非常にリスクが高そうである、前例がない、実行できるとは思えない、ということで「スタートアップでやるべき事業ではない」「大手でやったほうがよいのではないか」と言われることも多く、見直した方がいいとの意見も多かったのです。

　我々が2018年10月に行った総額3.4億円の資金調達は、ほとんどが機関投資家ではなくエンジェル投資家からの投資によるものです。企業を経営されている方や既にM&AやIPOを経験している個人投資家の方々が資金を入れてくださっています。自分で事業をやったことのある手触り感のある方たちは話を聞いてくれ、事業可能性や革新的技術への理解をしてくれたのです。

　何も持たないスタートアップが投資家からの信頼を得るための材料は2つしかありません。アウトプットと人です。人、つまりメンバー・チームは言わずもがなですが、最終的なアウトプットの形を早いうちから見せることで事業の面白さや新規性、計画の緻密さを伝えることができれば、投資家からの信頼を得ることは可能であると思って取組みました。3.4億円の調達によってそれが可能であることを証明できたかなと思っています。

　我々は2018年8月に創業しましたが、10月には既にハードウェアの試作機ができていて大手不動産会社さんの前でデモを行っていました。それまでにハードウェアを作った経験はありません。良いメンバーが集まって良いチームとなり、本気でやれば最高のアウトプットを出せると思いますし、やはり最初の何もない中で信頼を得るには具体的なアウトプットを見せるしかないと思います。

4　起業の準備で大切なこと①　個人の能力を高める

　私は絶対に起業をしようと思っていたわけではありません。ただ、人生を賭けるテーマやアイデアをずっと探していました。前職の仕事も社会的

意義のある仕事として全力でやっていましたが、「ここで価値を世の中に出すよりも大きな、人生を賭けてやるべきテーマが見つかったらいつか起業しよう」と思っていました。

　ポイントは、見つかったら即実行に移せる状態にしておくということです。ビットキーというテーマを見つける前から、起業のための準備は常に行っていました。準備の中でも絶対に必要なのが「個人の能力を高める」ことと「本気のチーム／メンバーとつながる」ことです。

　まず、「個人の能力を高める」についてご説明します。私が起業までに身につけてきたスキルを図にまとめました。起業家自身は人を使えればスキルが無くてもいいという考え方もありますが、私は起業したら全ての業務領域で最高を追求するため、理解でけでなく、自身で実行できる実力をつけていなければならないと考えていたので、起業に必要な全てのスキルを身につけられるように会社員時代から取り組んできました。

　経営戦略の策定から現場の実務まで、オペレーションレベルで自分でやることができます。その結果、シード期にはどうやって事業やチームを立ち上げてどういう風に進めて、IPOや世界展開までの見通しを解像度高めに描くことができるよう学んできました。

　他人から見てこの通りに行けばお宝にたどり着くという地図があるならば、地図通りにいくのはそんなに難しいことではありません。地図を描くことができるかどうかが大切なのです。

　弁護士にはレビューだけはしっかりもらっていますが、弊社の投資契約書や資本政策は全て私が書いています。いつ時点でいくらお金を入れてどういう風に株を外に放出する等々、地図は全て私が描きました。

　自分達で魂を込めて作ることで一貫性もありますし、語れと言われれば全部語れます。定款のような硬そうなドキュメントからも、事業計画のストーリーが端々から感じられるものが出来上がるのです。そういったところまで魂を込めているからこそ、目の肥えた人に見ていただき、信頼してお金を出していただくことにもつながっているのだと思います。

5 起業の準備で大切なこと②　本気のチーム／メンバーとつながる

　「本気のチーム／メンバーとつながる」はシンプルな話です。共同創業者である福澤と寳槻も含め、私が前職で出会った「本気で付き合いたいな」というメンバーが事業に賛同してくれて創業時のコアメンバーになっています。プライベートのサイドプロジェクトで出会った非常に優秀なエンジニアが、起業する際に一緒にやりたいとチームに入ってくれました。

　どのコミュニティに行っても、本気で何かに取り組む奴というのは必ずいるものです。そういう人間と、スキルの高低だけではなくパッションや価値観の部分でつながっておくと、いざ一緒に何かをやるとなった時にすごく強いチームを作ることができます。

　スキルも当然重要ですが、考え方や気心も非常に大切です。全員でひとつの神輿を担ぐのですから、背中を預けられる相手でなければいけません。私はよく「邪悪な奴ではなくて、本当に心からいいなと思う奴としか一緒にやれない」という言い方をします。共同創業者の福澤の表現では「一緒に飲みに行って面白い奴か、いい奴か」になります。

　そういった部分はやはり同じコミュニティに属して日々コミュニケーションしていないとわからないと思います。

　私はこのようにして、人生を賭けるテーマが見つかった時に備えて準備をしました。

　もし皆さんが既にテーマを見つけているならば、そこに全力を尽くせばよいと思います。まだそこまで明瞭に見つけていない場合は、上記のように現在を準備期間と考えて、目の前の仕事や授業に全力で取り組みアンテナを張っていれば、どんどん準備が進んでいきます。

　大切なのはテーマが見つかったらすぐに動ける状態にしておくことです。

質疑応答

　──人生を賭けるテーマの候補は他にもありましたか？　また、その中で

──なぜビットキーを選択したのですか？

　趣味のサイドプロジェクトの中でディープラーニングや自然言語処理（現在のAI）を用いてキュレーションエンジンやアプリを作ろうとしたことはあります。既存のキュレーションメディアよりも高い精度の特徴抽出をし、さらにそれをセグメンテーションするようなものを実現していました。それをやらなかったのは一回達成したら終わりのテーマだからです。アプリを作ったらそれで終わりではなく、それをさらに上位で抽象化できるテーマ性がほしかったのです。

　ビットキーは扉に限らず、IDと権利（鍵）の組み合わせとして様々なものに応用可能です。シェアサイクルの使用権やチケットなどの入場権、行政や医療分野ならば住民票や電子カルテなどの閲覧権や印刷権が考えられます。スマートフォンに一回だけ住民票を印刷できる権利の鍵が送られてきて、コンビニへ行ってピッと読み込むと印刷することができるというようなイメージです。「bitkey platform」は幅広く応用できる革新的なプラットフォームになると思っています。

──海外展開は考えていますか？

　まだ人数の少ない会社なので少なくともここ1年は国内のTobira事業に集中しようと思っていますが、来年以降タイミングが揃えばぜひやりたいと思っています。

　実はアメリカにはネット通販のAmazonやウォルマートが提供するスマートロックが既にあり、留守宅に入って荷物を届けるということが行われています。ただし、物理的な扉の鍵は1つなのでどちらか1つしかつけることができません。アマゾンキーがつけられていたらウォルマートの配達人は入ることができないのです。

　ここに、Amazonにもウォルマートにも対応できる第三極のスマートロックとしてビットキーが入る余地はあると考えています。

──誰もいない家に全く知らない人間をあげることに抵抗がある人も多い

と思います。ユーザーの不安を取り除くための施策はありますか？

1つは文化醸成です。他人が自分の家に入ってくる文化を誰もがすぐに受け入れられるかというと当然そうではなく、一定の時間がかかります。

しかし、他人ではなく家族ならばどうでしょうか。例えば、自分の母親が上京してきた際に宿泊できるよう、3日間だけ使える鍵を渡すならばあまり抵抗がないと思います。もう少し範囲を広げて、身元のしっかりしている大手企業・事業者のメンバーならばどうでしょうか。顔見知りの地場の商店の方はどうでしょうか。少しずつ慣れていく時間が必要なのは間違いありません。

誰でも使っているとなると心理抵抗は落ちるので、いかに普及させるかというのも重要だと感じています。

もう1つ、具体的なソリューションとして考えているのは、保険やカメラ、駆けつけサービス等です。

万が一何かあった際の保証については、既に損保さんとは何社も話を進めています。またアンケート調査では、宅配業者が家に入るとカメラが起動してスマートフォンで監視することができるならば他人が入っても構わないという方は結構います。

講演要約

ポイント 「bitkey platform」はデジタルキーを受け渡すプラットフォーム。

昨今台頭するシェアリングエコノミーは、予約までのやり取りはアプリ等バーチャル上でできるが、最終的に利用する際は人と人が同じ時間・同じ場所に居合わせなくてはならないのが課題となる（例：Airbnbでアプリから宿泊の予約をしたが、家主の仕事が忙しくなかなか鍵の受け渡しができない）。

ビットキーは、扉を開ける権利とそのリアルでの実行「鍵」を受け渡しできるプラットフォーム。スマートロック（扉の鍵部分に機器を取り付け、スマートフォンで鍵の開け閉めをできるようにする仕組み）と組み合わせることで、バーチャル上で受け渡した鍵で扉の解錠を行う。さらに「○時〜○時まで」「１回のみ」のように条件をつけることも可能。これにより、時空間の一致問題を解決することができる。

日本のスタートアップの常識を覆す、創業３ヶ月でエンジェル投資家から3.4億円を調達

ビットキーによるTobira事業はリスクが高く前例もないため、常識的には難しいとの意見が多かった。2018年10月の総額3.4億円の資金調達はほとんどエンジェル投資家からの投資によるもの。

何も持たないスタートアップがエンジェル投資家からの信頼を得るために使える材料は「人」と「アウトプット」の２つのみ。ビットキーでは創業から２ヶ月後には試作機ができていてデモを行っていた。実際に経営経験があり手触り感がある投資家ほど話を聞いてくれ、見せたアウトプットから面白さや新規性を感じ取ってくれた。

起業の準備に必要な２要素

人生を賭けるテーマ・アイディアが見つかったら起業しようと考えていた江尻氏は、見つかったら即実行できるよう準備をしていた。準備の中で絶対に必要なのは「個人の能力を高める」と「本気のチーム／メンバーとつながる」の２つ。

◆個人の能力を高める

江尻氏は経営戦略の策定から現場の実務までオペレーションレベルでできるスキルを身につけ、事業計画、投資契約書や資本政策などを全て自分で作成した。また組織や仕組みの設計も創業時に終えていた。地図通りに進むことは難しくないので、解像度の高い地図を描けるようになることが大切。

◆本気のチーム／メンバーとつながる

どこのコミュニティにも本気で何かに取り組む人間が必ずいる。スキルだけを見るのではなく、パッションや価値観が合う人間とつながっておくと、いざという時に強いチームを作ることができる。

それぞれの原体験が起業家を動かす

　スタートアップが成長する上で、最も重要かつ、達成が困難とされる「PMF（プロダクトマーケットフィット）」を実現する前の段階であるシード・アーリーステージは、プロダクトも組織もその他体制も固まっていない中、走り切らなければならないという茨の道を進むことになる。

　詐欺やコアメンバーの退職など大きなトラブルに見舞われたケースも多く聞く。

　それでも事業開発に邁進できるのは、それぞれの起業家にスタートアップを成功させたいと心から思わせる原体験があるからだろう。

　今回登場いただいた5氏それぞれに起業を決断させた原体験があった。

　自分を動かし、困難を乗り越えさせるものがスタートアップの成功には必要なのだろう。

シード・アーリーステージにおける「ヒト」の問題

　シード・アーリーステージにある今回登場いただいた5社の中では、人材の課題を挙げられた企業が多かったが、それ以外のスタートアップでも人材、特にコアメンバーの採用・離職問題を聞くことが多い。自社の「あるべき姿」を模索している段階ではコアメンバー間であっても、認識や意見の不一致が発生することが多いということだと思われる。

　アーリーステージはビジネスモデルを検証している段階であり、何が正解かはわからない。その中で意見が分かれることはむしろ自然なことであろう。

社員、特にコアメンバーの退職は決して嬉しいものではないが、適切な人材を採用するための機会と捉えれば必要なものであるということもできる。人材業界では退職のことを新陳代謝といったりするが、組織も人体同様一定の入れ替わりは必要だと考えている。特に会社の方向性が大きく変わる際に、それまでのメンバーが全てついてこられるという方が不自然であろう。

大事なことは退職によるダメージを最小化する取り組みであって、退職ゼロにする努力ではないだろう。これは著者の個人的な見解であるが、どれだけ優秀な人材であっても退職意向を表明した人物を慰留してもあまりいいことはない。ほとんどのケースにおいていずれ退職してしまったりなんらかのトラブルを発生させる。例外は「〜が改善されないのであれば辞めます」といったような改善交渉のための退職表明だ。これはその改善が実現できる限りにおいては慰留しても良いと思う。ただし、慰留のために改善するのであれば本末転倒であるから、会社にとって必要な改善であると考えられる限りにおいて実行するべきである。

シード・アーリーステージにおける「カネ」の問題

近年、スタートアップにとって資金調達が非常にやりやすい環境であることもあり、調達自体について課題を述べられることは少なかった。ミドルステージ以降の登壇者はむしろシード・アーリーステージでの資金調達が最も困難であったという講演をされている方が複数いらっしゃったことを踏まえると、これは時期的な問題もあると考えられる。

が、シード・アーリーステージはあまり売上が上がらない時期である一方、人件費や開発費などコストは嵩む。資金ショートによる倒産の危険が最も高い時期といっても過言ではない。

運転資金を1年以上担保しているスタートアップはおそらく稀で、通常は半年程度、資金繰りが厳しいスタートアップであれば2〜3ヶ月ということも珍しくない。資金ショートが早いか、PMFを達成してミドルス

テージに上がり、大型調達を実施できるのが早いか、ほとんどのアーリーステージのスタートアップはまさに時間との勝負をしていると言えるだろう。

シード・アーリーステージにおける「ジョウホウ」の問題

いわゆる連続起業家を除き、大抵の起業家は初めての起業を経験する。そのうちの殆どは初めての経営経験でもある。人は失敗によって学ぶ。何事も一度経験してしまえば間違った判断をすることは少なくなるが、初めての経験で正しい判断ばかりをくり返せることは少ない。

これは実際に起業家や経営者をやってみるとわかることだが、近くで起業家や経営者をみていたとしても、人がやっているのを見るのと自分が実際にやるのでは雲泥の差がある。

客観的に見ればありえない判断でも、当事者になれば間違った判断をしてしまうことは往々にしてある。これはその起業家が優秀であったり無能であったりすることとあまり関係がないように見える。人事コンサル出身の起業家が組織づくりに失敗しているケースや財務畑出身の起業家がファイナンスに失敗しているケースは決して少なくない。初めて起業する場合は失敗をしないように最善を尽くすのは当然としても、一定程度の「ありえない判断ミス」をするという前提でことを進めた方が妥当な結果を得られるように思う。

第 **3** 章

ミドル・レイター
ステージの
スタートアップ

第3章ではミドル・レイターステージのスタートアップ3社をとり上げさせていただく。
・日本のシェアリングエコノミーの代表企業と言っても過言ではない、株式会社スペースマーケット代表取締役 重松 大輔氏
・AIを活用した教育系スタートアップ、株式会社COMPASS代表取締役 神野 元基氏
・日本を代表するデータベースマーケティング企業としてIPOが不要なほどその地位を確固たるものとしている、株式会社ランドスケイプ代表取締役 福富 七海氏
である。
　スペースマーケット社、COMPASS社はミドルステージの企業として、ランドスケイプ社はレイターステージの企業として登場いただいている。
　ビジネスモデルの構築が一定の完成に近づき、顧客のニーズを満足させるプロダクト・サービスを提供できている状態になると、そのスタートアップは概ねアーリーステージを脱し、ミドルステージに入ったと認識される。
　いわゆるPMF（プロダクト・マーケット・フィット）を達成した状態である。
　ミドル期で実現しなくてはいけないのは「圧倒的な成長」である。あるスタートアップがPMFを達成したことがわかると発生するのは「似たサービスのスタートアップ」であり、「似たサービスを出す大企業」である。PMFを達成したからといってそこに留まっていれば簡単に競合に抜かれてしまう。だから、ミドルステージで求められることは「いかに、早く・効率的に顧客を獲得し、満足させ、次の顧客を獲得していくか、その方法を模索す

る」ことである。

　ミドルステージは売上・社員数などが一気に増加する時期であり、社長が全てを見ることができていたアーリーステージには社長の個人力でカバーすることができていた問題が顕然化することが多い。例えば、成長に伴う運転資金が確保できなかったり、規模の拡大に伴って各業務に要求される専門性の高まりに伴い、シード・アーリーステージで活躍していた人材が急に成果を出せなくなってしまったりする。会社の知名度が上がるため、優秀な人材が入社してきて既存社員との軋轢が出てくることもある。

　スタートアップにおいて最も重要と言われる PMF を実現したとしても、これらの問題を解決しないことには安定的な成長を実現することはできず、IPO や M&A といったイグジットの実現が遠ざかることになる。

　こういった理由でミドルステージでの組織再編や度重なる資金調達を経験するスタートアップも少なくない。

　さらに、ミドルステージで足踏みをすることの問題は「マーケット環境が変わってしまうこと」である。一度、PMF を達成したとしても、より有力な競合が現れ顧客を奪われてしまうことは多々ある。これは同業種競合の場合もあれば全く異業種である場合もある。

　mixi が Facebook にシェアを奪われたのは前者の例であるし、パチンコ市場をソーシャルゲームが奪ったのは後者の例である。

　また、法規制などで市場環境が大幅に変化し、それまでの事業を維持できなくなるということもある。デジタルカメラの普及によってカメラ・フィルム市場が急速に縮小したのは有名である。

　また、成長ドライバー[1]が見つかって高成長を実現している時

期に入ると、レイターステージに入ったと認識されるようになる。上場企業になるには3年間の監査期間が必要なほか、様々な上場基準を満たす必要がある。上場しようと思えばできてしまうが、成長のために上場をしないでいる「ユニコーン企業」も存在するが、基本的にはレイターステージのスタートアップは成長を維持しつつ、上場の準備をすることになる。レイターステージに入ったからといってIPOが約束されているわけではなく、上場を断念した企業も多々ある。

　本章では3社の経験から、ミドル・レイターステージ企業の課題と解決を考えたい。

1）事業を成長させる上で中心となる要素。成長ドライバーが見つかればそこに投資すれば事業成長が見込めるため、急激な成長が可能になる。

10 シェアリングエコノミーの可能性にいち早く着目しルールメイカーとなったスタートアップ

重松大輔（しげまつ・だいすけ）
株式会社スペースマーケット代表取締役CEO。1976年千葉県生まれ。2000年NTT東日本入社。2006年に株式会社フォトクリエイトに参画し、新規事業の立ち上げや広報、採用に携わる。2014年1月株式会社スペースマーケットを創業。シェアリングエコノミー協会代表理事。

株式会社スペースマーケット
2014年1月創業。日本全国のレンタルスペースのマッチングを行うプラットフォーム「スペースマーケット」を提供する。登録されているスペースはユニークスペース11,000件以上（2017年現在）。

　私が起業して今のビジネスを始めたのが今から約4年前です。ちょうど海外でAirbnbが盛り上がっていると耳にし、「これは来るな」と直感しました。そこでAirbnbのイベントスペース版ということで、空いているスペースを貸したい人と借りたい人をマッチングするシェアリングエコノミー[2)]のビジネスを始めたのです。

　実は当時、既に海外には同様のサービスがありました。起業する人は「今までにない独自のビジネスを」と考えることが多いようですが、私は今あるものをいかに自分の得意分野に持ってくるかを考える方です。海外のビジネスを研究する中で同様のビジネスがそれなりにグロースしていることは知っていたので、これはいけると確信しました。

　周りの経営者に相談をした際に、皆口を揃えて「これは絶対伸びる」「お前に向いている」と言ってくれたことも、起業への後押しとなりました。投資家である妻にはそれまで100くらいの事業案を相談してことごとくだめ出しされていましたが、唯一太鼓判を押してくれたのがこの案です。

2）物・サービス・場所などを、多くの人と共有・交換して利用する社会的な仕組み。自動車を個人や会社で共有するカーシェアリングをはじめ、ソーシャルメディアを活用して、個人間の貸し借りを仲介するさまざまなシェアリングサービスが登場している。シェアエコノミー。シェアエコ。共有型経済。（出典：デジタル大辞泉）

スペースマーケットの特徴

日本全国のスペース情報とゲスト・ホストの相互レビュー、スペースを活用して開催されるイベント実績データを蓄積しています。

日本最大のスペース掲載数
日本全国1万2千件以上のスペース情報を掲載。レンタルスペースの掲載数で日本最多。

ゲスト・ホストの相互レビュー
ゲストがホストに、ホストがゲストにレビューを書き込む相互レビュー型。信頼が可視化される仕組み。

累計10万件以上のイベント実績データ
スペースマーケットを通して開催されるイベントの開催実績データを蓄積。

- 近所のママ友とママ会を開催したい
- アパレルの展示会を実施したい
- 部署のオフサイトミーティングを実施したい

1 経験と情報から確信を得て起業へ

　起業にいたるまでのことを少しお話しします。私が大学を卒業したのは2000年で就職超氷河期の真っ只中でした。おそらく学生の数は今より倍くらいいたのですが、就職の枠は同じくらいという厳しい状況です。ですが、ネットバブルがちょうど盛り上がってきた時代でもありました。

　そんな中でNTTに入社し、社会人1年目から5年目までは資料ばかり作っていました。ただ、予算のある会社だったので、スタートトゥデイ（現ZOZO）の前澤さんにインタビューさせてもらったり力士のブログをプロデュースしたり、色々面白いことをさせてもらいました。これは大企業のいいところですね。

　しかし、だんだんと大企業は自分に合わないと感じるようになり、2006年からはスタートアップに取り組むことになります。NTTの同期が創業したフォトクリエイトという会社に参画し、社長と組んで色々な新規事業を立ち上げました。ちなみに2013年には東証マザーズ[3)]上場を経験しています。

　フォトクリエイトは元々スポーツイベントや幼稚園・小学校の運動会の写真をプロのカメラマンが撮影してそれをネットで販売するビジネスとし

て始まりました。そこで私が新たに立ち上げたのが、結婚式の写真販売ビジネスです。皆さんが結婚披露宴に参列した際、「今日の写真をネットで買うことができます」というカードをもらったことはないでしょうか。現在披露宴市場の3～4割には入っているので見たことがある方もいると思います。あれが私の立ち上げたビジネスです。

結婚式の業界は写真関連の中では一番アナログで、デジタル化の遅れていた業界でした。スポーツや報道の写真は即時性が大切なので比較的早くデジタル化が進みましたが、結婚式業界はそうではありませんでした。しかし2009年くらいになるとさすがにそうも言っていられなくなり、ようやく結婚式業界もデジタル化が進んできました。そのタイミングで、「せっかくデジタルで撮影しているのだからネットにアップして参列者も買えるようにしましょう」というビジネスに変えました。

このビジネスの中で、私は日本中の結婚式場に営業に行きました。そうするうちに、式場の担当者から相談を受けることになります。

「結婚式場は平日あまり使われないので稼働アップしたい」

「撮影や会議に使えませんかね」

これは現在のレンタルスペースのマッチング事業を始めるにあたり、大きなヒントになりました。

経営者の視点に立つと、金を産んでいないスペースが許せなくなるものです。その一方で、就職説明会やセミナーのために自社以外のスペースを借りている会社がたくさんあります。これは絶対スペースを貸したい人と借りたい人をマッチングするビジネスになるなと思いました。

さらにこれからは人口減少社会なので、空き家はどんどん増える一方です。減ることはたぶんないでしょう。公共施設もどんどん空きが多くなってくると思います。

3）東証一部や東証二部と同様、東京証券取引所に開設されている株式市場。ベンチャー企業向けに開設されている市場であるため、上場の条件が特徴的である。一部、二部では上場企業の設立後の年数や利益額を重視するのに対して、マザーズでは今後の成長性が重視される。現在は赤字であろうと今後成長が見込めるのであれば上場できる。その一方で、企業の情報公開は厳密に求められる。そのため、投資家はハイリスク・ハイリターンの投資を、豊富な情報に基づいて行なうことが可能である。またベンチャー企業は広く資金を集める場を確保できる。（出典：コトバンク）

スペースマーケットではこれらの空きスペースや空き時間帯の結婚式場の他にも、映画館や古民家、ちょっと変わったところでは取り壊し前のビルなど、様々なスペースを取り扱っています。サービス開始時は約100件でしたが、今では取扱いスペース数は10,000件以上にのぼります。

　おかげさまでスペースマーケットはレンタルスペースというジャンルにおいては日本最大級となりました。シェアリングエコノミーに限らず、ビジネスではルールを作った者が有利です。他人が決めたルールに乗っていても勝ち目はありません。

　私が起業の際に参考にしたAirbnbも、今や天井を突き抜けるくらいの成長をしています。皆さんもビジネスをやりたい時は、入り口ぐらいにいる時に鼻をきかせて気付くことができるとよいのではないかと思います。

2　それぞれのステージにおける課題とその解決

　スペースマーケットは現在ステージでいうとミドルにあたると思いますが、シード・アーリー・ミドル、それぞれのステージごとに直面した課題とそれをどう解決したかをお話しします。

シード期

　シード期は一番採用が難しいタイミングです。最初の10人が以降のカルチャーを決めるので、この10人の採用はきっちりやらなくてはいけないというのがスタートアップの定説です。是非とも優秀な人材を取らなくてはいけないのですが、傍から見ればこちらは海のものとも山のものともつかないビジネスをやっているわけで、どう人材を確保するかが課題となります。

　私はプレゼンが得意なので、採用とブランディングのためにピッチコンテスト[4)]に出まくりました。優勝したものもあります。メディアにも出まくりました。そうやって「なんだかすごそうだな」という印象を与えると人が集まってくるんですね。最初はそういう勢いが大切です。

　起業して1年半は創業オーラというボーナスタイムのようなものがあり

ます。その間はイケイケ感が出ていて何をやっても上手くいくし人も金も寄ってくるのです。しかし不思議なもので、1年半くらい経つとそれがだんだん色褪せてきます。すると、辞める人間が出たり仲間割れが起こったりするようになります。創業オーラが出ているうちにある程度の結果を出すことが非常に大事なポイントです。

アーリー期

　半年くらいはビジネスが全然グロースしなくて焦りはありました。しかし、プラットフォームとしては地道に信頼を積み上げていくしかありません。ハロウィンや忘年会など、数字が上がるタイミングを見つけ、そこで見えてきたことを基に機能改善を粛々とやっていくしかありませんでした。ここはもう根性ですね。

　資金調達については、シード期と同じくとにかく勢いです。ピッチで勝ちまくって盛り上がってる感を演出していました。

　現在の幹部になる人材は前述の通り初期の段階で既にほぼ採用できていたので、採用に関しての課題はあまりありませんでした。シニアマネージャークラスのメンバーをハイアリングできたのが非常によかったと思っています。また、何かを成し遂げたいならばスタートアップで早い段階のうちにリスクを取った方が後々よいという認識が世の中に広まってきたことも、人材採用においてプラスに働いたのではないでしょうか。

ミドル期

　現在がまさにミドル期になります。50人くらいの組織になりましたが、ちょうど「50人の壁」というものがあります。この段階で重要なのはミドルマネジメント層の強化です。私は基本的にミドルマネジメント層をはじめとする現場にどんどん仕事や判断を任せていく方針でやっています。あまり経営陣が現場に口を出すと現場が考えなくなって、いちいち社長にお

4）自社の事業計画や将来性を短時間で端的に述べ伝える催しであり、主にスタートアップ企業が投資家から出資を募るために行われる。ピッチコンテストの場合は複数の発表者が登壇し、その中から大賞あるいは最優秀賞を選ぶ形式で行われる。（出典：実用日本語表現辞典）

伺いを立てたりするようなろくでもない組織になってしまうからです。

　ステージBの資金調達は正直大変でした。業績は伸びてはいるものの今ほど劇的な伸びではなかったので、材料として決め手に欠けていました。しかし、何十社か投資会社を回った中で腹を括ってくださった投資家がいらっしゃいまして、その方のおかげで現在ここまできています。投資家もビジネスですから、手の平を返されたことは何度もありました。その一方で、腹を決めてくださる方との出会いもあります。そういう人との出会いを大事にしていきたいと思います。

質疑応答

―「今までにない新しいものを作るよりも今あるものをいかに自分の得意分野に持ってくるか」というお話があり、さらに起業時に周りから「このビジネスはお前に向いている」と言われたというお話がありました。具体的にどのような点が得意分野である、向いているとお考えでしょうか。

　このビジネスがいいなと思ったのは、営業ハードルがあることです。私の得意分野は営業なので、もしエンジニアだけでできてしまうビジネスだったら私は必要ないのです。

　これはシェアリングエコノミー系すべてに言えることですが、登録者と物件数を増やすことがまず第一です。しかし、いくら「プラットフォームを作りました。どうぞ皆さん登録してください」と言っても、それだけでは誰も登録しません。怪しまれるだけです。そこで必要になるのが営業力です。

　最初は知り合いやお世話になった経営者にお願いして登録してもらいました。ネットで全然マッチングしないので間に入って電話でレンタルを取り次いだこともあります。営業力は私の強みでもあるので、好きで得意なことをひたすらやっていました。

　あとは強いて言えば、不動産という業界はマーケットが大きく、しかもインターネットに強い人があまりいないという点です。

従来の不動産賃貸業界は「長く借りてもらってなんぼ」のビジネスです。20年ならば20年貸してしまえば後は何もしなくてもよいので楽なのです。一方で時間貸しは常に工夫をしてせわしなく動かなくてはいけないのでコストは多くかかります。その分、利益は２倍３倍になります。「所有から利用へ」という大きなトレンドがあって、あらゆるものがどんどん小分けになっていく不可逆な流れの中、既存プレイヤーがよくわからないと敢えてそこへ攻めてこない古い業界であるということは私達にとって都合がよかったのです。

　私というか私達の強みになりますが、共同創業者の鈴木はNTTグループ会社からYahoo!に入ったいわゆるスーパーエンジニアです。私がビジネスの仕組みを作ることができるし、彼はそれを実現するプロダクトを作ることができます。

　色々なものがすべて揃って「このビジネスは私がやるしかない」と思いました。

── Airbnbと同様のビジネスを日本へ持ってきてレンタルスペース版として立ち上げるまでの経緯について教えてください。

　アメリカのビジネスモデルを調べていて「Airbnbすごいな」と思ったのが始まりではありますが、同時にこれをそのまま日本に持ってきても潰されるなとも思っていました。法律のハードルがあります。そこで別の業種を探すことにしました。

　宿泊業では法律に阻まれても、近い領域でレンタルスペースならば法律的に問題がないという確認が取れました。さらに貸し会議室ではすでにTKPという既存プレイヤーがいて、問題なく運営していることがわかりました。その他にも「自分の部屋を料理教室として貸し出す」など、違法ではないものはたくさんあります。「これを束ねればいいのだ」と思い、幅広く様々なスペースを取り扱うビジネスにしました。

　当然競合調査や海外のプレイヤーの調査は初期から今に至るまで細かく行っています。しかし、我々のように節操なく色々な場所を、時には自分の部屋まで貸すプレイヤーは実はあまりいません。これは結構面白くて、

このビジネスをもっと外に広げたいという思いがあります。

——ビジネスを行ってきた中での失敗談を教えてください。

創業初期に売上がほしいと色気づいてしまい、金額の大きさにつられて某自動車会社のリサーチ案件を受けてしまったことがありました。実のところそれはリサーチ案件という名の場所探しみたいなもので、レンタルスペースのマッチングプラットフォームという我々の本来のプロダクトのグロースとは関係のないものです。それを営業部隊にやらせてしまったもので士気がガタ落ちになってしまい、本当に後悔しました。お金をもらうためだけの仕事では士気もやる気も上がりません。

同様に後悔したのは、国からの補助金を受けたことです。税金から出るものですから用途や成果を報告する義務があります。非常に細かいことまで記入しなければならないため、大変な作業です。報告のための作業ですからこれもまたプロダクトのグロースとは関係ありません。報告に時間を割かれる損害の方がもらった金額よりも大きいのではないかという話になりました。だったらまだ借金をするなり資金調達をするなりの方が本質的にプロダクトに向かい合えるでしょう。二度とそういったものを受けることはないと思います。

——入り口にいる段階で鼻をきかせるべきという話がありましたが、もし今から重松さんが新しいビジネスを始めるとしたらどこに目をつけますか？

社会課題解決系では、個人的にはミールシェア[5]や食事系がこれからすごく変わってくるのではないかと思っています。UberEatsなどを始め、中食がすごく変わってきているじゃないですか。あのへんの、レストランを再定義したり中食を再定義したりということに興味があります。

今世界中のあらゆるエリアでミールシェアがすごく伸びています。それもレストランだけではなく、そのへんのおばちゃんが作ったものを持って

5）ミール（＝食事）をシェアする形のシェアリングエコノミービジネス。国内では食品衛生法等の関係で実現が難しいが中国やフランスでは事業化されている。

くるようなものまであるのです。
　人が物を食べなくなることは多分当分はないのでマーケットは巨大ですし、色々な可能性のある面白い領域だと思っています。

講演要約

ポイント ビジネスはルールを作った者が有利。他人が決めたルールに乗っていても勝ち目はない。

スペースマーケット創業までの経緯
　宿泊施設として家を貸したい人と借りたい人をマッチングする「Airbnb」
　　　↓
　「これは日本でも来る」と直感
　　　↓
・しかし日本では法律の制約により Airbnb と同様のビジネスをそのまま展開するのは不可能
　　　↓
・宿泊施設ではなくイベントや会議のための貸しスペースならば法的に問題ないことを確認
・近い領域ですでに問題なく運営しているプレイヤーもいる
・前職で結婚式場の担当者の相談を聞き、「平日の稼働が少ない結婚式場を何かに貸し出したい」というニーズがあることも確認済み
・これからは人口減少社会なので、空き家や廃校、使われなくなった公共施設など、レンタルできるスペースは増えていく
　　　↓
　レンタルスペースを貸したい人と借りたい人をマッチングする「スペースマーケット」を立ち上げ

それぞれのステージにおける課題とその解決
◆シード期
　ビジネスが世に出て一般に認知される前の段階であるシード期の採用は難しい。しかし、最初の10人までは特に優秀な人材を確保しなければならない。この10人が後々まで影響する会社のカルチャーを決定するからだ。重松氏は優秀な人材を誘致するため、たくさんのピッチコンテストに出場する、メディアに出演する等してビジネスの認知度向上とブランディングに努めた。

◆アーリー期
　ビジネスが走り出して半年くらいはあまり成長が見られなかった。焦りもあったが、プラットフォームとしての機能改善を粛々と行うことで地道に信頼を積み上げていった。この段階での資金調達においても、重松氏のコンテスト出場やメディア露出による認知度向上とブランディングの功績が大きい。シード期の段階で後に幹部となる優秀な人材をほぼハイアリングできていたため、採用については特に課題は見られなかった。

◆ミドル期
　いわゆる「50人の壁」によると、50人以上の会社組織ではミドルマネジメント層の育成が重要になる。重松氏はミドルマネジメント層の社員になるべく判断を任せるという方針で育成を行っている。経営が現場に口出しをすると現場が考えなくなり、いちいち社長の判断を仰がないと動けなくなるという考えからだ。ステージＢの資金調達は大変だったが、腹を括って賭けてくれる投資家との出会いで現在までやってくることができた。

子供達に未来を生き抜く力を与えるために AIを利用した教育を

神野元基（じんの・げんき）
1985年生まれ。慶應義塾大学在籍中に起業、その後、複数の事業立ち上げを経て2012年に学習塾COMPASSを設立。著書に「人工知能時代を生き抜く子どもの育て方」（ディスカバー・トゥエンティワン社）がある。

株式会社COMPASS
2012年12月設立。AI型教材「Qubena（キュビナ）」の開発・提供を行う。AIが各生徒の得意・不得意を分析して解くべき問題へ導くQubenaは多くの小中学校や高校、学習塾で導入されており、第15回日本e-learning大賞経済産業大臣賞、2018年度グッドデザイン賞を受賞している。

1 子供達に未来を生き抜く力を

　現在、株式会社COMPASSではAI型教材「Qubena（キュビナ）」の開発・提供を主に行っています。QubenaはAIが一人ひとりの生徒の得意・不得意を分析して解くべき問題を自動的に出題するシステムです。これを使用すると従来の学校の授業の1学期分の学習をわずか2週間で修了することができます。これにより捻出された時間で子供達に未来を生き抜く力を伝えるのが一番の目的です。

　Qubenaの開発を始めたきっかけは、私がシリコンバレーにいた頃に遡ります。私は大学在学中に最初の起業をし、その後いくつかの事業を立ち上げた後、それらの事業を譲渡してシリコンバレーへ渡っていました。そこで出会ったのが「シンギュラリティ」という概念です。

　シンギュラリティはアメリカの未来学者レイ・カーツワイルが著書の中で提唱した概念で、日本語では技術的特異点と訳されています。彼は2045年前後に人類の全ての叡智を合わせたとしてもAIに勝てない時が来ると未来予測し、その時点がシンギュラリティと呼ばれています。

　2045年といえば、私は60歳です。まだ現役かもしれないので自分にも関

係がないわけではないのですが、もし本当にシンギュラリティが訪れるとしたら、一番このことについて知らなくてはいけないのは現在の子供達です。大きく変わる世界の中で将来どのように生き抜いていったらよいのか。それを子供達に伝えたいと思ったのが、私が教育業界に参入した理由です。

2　今の子供達には時間がない

　帰国した私は2012年に八王子の一軒家で学習塾をスタートしました。ここで子供達に未来がどうなるか、未来を生き抜く術を教えていこうと考えていましたが、日本の教育システムの中では教師にも生徒にも時間がありません。さらに学習塾という形態を取る以上、我々に求められているのは成績アップであり、合格率です。受験勉強に手一杯で、未来のことを考えている余裕はありませんでした。

　それならばどうしたら未来のための授業を行う時間を捻出できるのかと考えた時に、気付いたのが集団指導における時間の使われ方です。一般的に１人の教師が40人の生徒に対して１時間授業をした際、意味のある時間は生徒１人あたり６分しかないと言われています。残りの54分は既に知っていることを説明しているか全く意味の分からないことを言っているか、どちらかに分類されるそうです。ならば、その生徒にとって意味のある授業だけが個別に行えればかかる時間は短縮できるはずです。

　そこで、生徒一人ひとりに対してその子の理解度や分からない箇所にピンポイントに合わせた教育を行うためにQubenaの開発を始めました。

3　シード期の課題——創業メンバーとシードマネーの調達

　ここからはQubenaの開発事業を行ってきた中で直面した事業課題とその解決についてお話しします。

　IT業界で起業をする場合はビジネスマン・エンジニア・デザイナーの３人で始めるべきだと言われています。このうちの誰が欠けてもいけません。物を売る人、物を作る人、物をデザインする人の３人です。我々もこ

の3人で起業しました。私がビジネスマンです。

　エンジニアの小川は大学の1年からの同級生で、当時から仲の良かった人物です。生徒の理解度の分析や出題する問題の選定を人力で行っていた頃に、これを全てAIでできるようにしたいのだという話を彼にしたところ、「そうだね、できるね」と彼が言うので、Qubenaの開発を始めることが15秒くらいで決まりました。

　しばらく2人で開発を進めていましたが、やはりデザイナーが必要だという話になります。そこで、友達伝いにデザイナーの鈴木を紹介してもらいました。彼は当時企業に勤めていたのですが、「辞めなくていいから土日の時間を全部くれ」と頼み込んでデザインをお願いしました。

　こうして初段のデモ版が出来上がりました。デモができたらアクセラレータープログラム[6)]のデモデー、ピッチイベントなどでエンジェル投資家やVCに対してお披露目をします。多くの投資家に知ってもらい、投資してくれる人を見つけるためです。

　これは全てのベンチャーに共通することですが、資金調達は一番最初が一番難しいです。シードが一番難しい。シリーズAも難しかったですが、シードに比べたら簡単でした。シード期の我々には完成形ではないデモ版しかありません。実際に売った実績があるわけでもないので、デモを見せて「こういうものが世の中にあったらいいと思っています」くらいのことしか言えないのです。その状況下で可能性を信じてもらわなくてはなりません。

　シード期には事業計画書を一生懸命作ると思いますが、これはあくまで名刺代わりのようなものです。きちんと作ってきて当たり前のものなので、投資家には「作ってきたんだ、えらいね」くらいにしか思われません。

　投資家は人読みで投資すると言われています。その人物が今まで何をしてきて、どんなパッションでやっているのか、本当に事業をやり遂げそうな人物なのかを見て判断するのだそうです。人と人の関係なので、相性の合う人を探すのに苦労しました。

---

6) 大手企業が新興企業（ベンチャー・スタートアップ）に対して協業・出資を目的とした募集行為を開催するもの。（出典：Wikipedia）

投資家に「信用できそうな人物だ」と感じてもらうには、まず相手を知らないといけません。そのために私は計200人くらいの投資家に会いました。その中でフィードバックをもらい、自分たちのビジネスややりたいことの伝え方をブラッシュアップしていきました。

最初に声をかけてくださったのは著名なエンジェル投資家でした。私を面白いと言ってくださり、当時必要だった4,000万円のうちの1,000万を出してくださることになったのですが、そのための条件が「あと3,000万を他の誰かから集めてくること」でした。

これにはかなり苦戦しまして、デモ版の開発をなんとか続けていた時期もありました。最終的にはIVSというピッチコンテストで準優勝をしたことで、VCより3,000万の調達が決まり、シード期4,000万の調達を達成したという形になります。

4 アーリー期の課題——シリーズA調達とグロースドライバーの発見

アーリー期に入りシリーズAの資金調達を行うためには、シードで調達した4,000万をどう使い、何ができたのかをきちんと投資家へ向けて伝えなくてはいけません。100点満点のスタートアップならば、この段階で既にプロダクトがある程度できていて、ユーザーへのヒアリングも終わっていて、あとはこの機能を開発してこのような広告を打てばこれだけのユーザー数になりますという仮説検証まで終わっています。ところがそうもいかず、我々は100点満点でいうと70、80点くらいのものでした。とはいえ、ここで赤点を取ってしまえば事業失敗になるので、平均点以上を取れたことでなんとかシリーズAまで漕ぎ着けた形になります。

プロダクトが完成しておらず、これをやれば確実に伸びるというエビデンス[7]もないため、シード期と同じく事業計画の可能性や私の思いを投資家に伝えることで乗り切るしかありません。先程も書いたように資金調達で一番難しいのはシードです。シリーズAも苦しくはありましたが、プロ

---

7) 証拠。確証。

ダクトの開発が進んだことやシード期に伝え方をブラッシュアップした経験もあり、シードよりは楽になりました。

　企業理念・教育理念に共感してくれる強力なエンジェル投資家にリードしてもらえたこともあり、無事シリーズAの調達を達成できました。

　当時 Qubena の販売先としては学習塾を主に考えていたので、この時期私はスタートアップ界隈を離れて学習塾業界のコミュニティへ入っていきました。多くの人と会い、全国の学習塾代表との人脈を形成することを意識していました。

　入り口として選んだのが、学習塾業界の業界誌です。この雑誌が開いているカンファレンスで講演をさせてもらい、その結果、全国の色々な学習塾の代表が興味を持ってくださり、声をかけてもらったり役員会に読んでもらったりしました。このような形で学習塾業界の中での知名度を上げていきました。

　この時期のビジネスマンにとって大切なのは、いかにマーケットに対して自分自身というキャラクターを突き刺し、どのようにして認知度を取るか、ということです。

　また、教育業界特有の課題として「意思決定者が複数いる」というものがあります。一般的なサービスやアプリでは使用して利益を得るのも実際にお金を払うのもユーザー本人1人のみです。しかし、教育系のプロダクトを使うのは生徒ですが、お金を払うのは保護者と学習塾または学校です。使用者と決済者が違うのです。この複数いるユーザーを満足させなくてはいけないのが難しいポイントでした。

　例えば、先生というものは教壇に立って授業をしたいものです。どんなに優秀な AI を提供したとしても、生徒が皆タブレットで勉強していてそれだけで完結してしまうのは面白くないという思いがどこかにあります。そして我々もまた、先生は生徒の学習モチベーションを高めるのに必要な存在と考えています。だから、先生がいかに AI と共存して存在価値を発揮していけるかというところまで含めてデザインする必要がありました。

　それまでの私は生徒を未来に導きたい、と生徒のことしか見ていませんでした。しかし、実際に理想の教育を広く普及させていくためには保護者

や先生の方も満足できるサービスを作らなければいけないということに気付いたのがこの時期です。

5 ミドル期の課題——シリーズB調達と急成長に伴う課題

　資金調達もシリーズBとなると、我々もミドル期に入りドライブがかかってきます。投資家の皆さんもシリーズAまでのエビデンスを見てくださっていて、多くのお声をかけていただきました。我々の思いに共感してくださり、同じ思いで一緒に教育の問題を解決していこうと言っていただき、出資してくださいました。

　アーリー期は主に学習塾への販売を行っていましたが、ミドル期に入り通信教育やフランチャイズ展開を開始しました。一気にプロダクトのデリバリーラインを増やして事業を多角化していった時期です。この時期には急成長に伴う課題が出てきます。

　人が急速に増え、社員同士で知らない人が増えてきます。エンジニアがしばらくこもってひたすらプログラムを書いていたら、周りが知らない人だらけになっていたなどということが起こるわけです。ものづくりの現場はコミュニケーションが非常に大切です。知らない人が増えると空気が悪くなってきます。

　そのため、どのように情報を共有しあって、新しい人がどういう人なのかきちんと声をかけあえる環境が必要になります。この環境構築ができておらず、人間関係の問題が出ることもありました。日々人が増え続ける中でこの組織体制の構築は一番力を入れて取り組んでいます。

　また、色々な経路からたくさんの人が入社してくるようになると、人事評価制度もきちんと整備しなくてはなりません。どのような人を評価するのかは直接企業文化につながってきます。これについても議論をしながら構築しています。

創業から現在に至るまで

ミドルステージ
・急速成長に伴う事業運営
・シリーズB資金調達
・ミドル期の人事・採用

アーリーステージ
・グロースドライバーの発見
・シリーズA調達
・アーリー期における採用
・現在の幹部になる人材の採用

シードステージ
・創業までの経歴
・事業アイデアの発想と検証
・創業時メンバーの採用
・シードマネー調達

6 人生は100年では足りない

　このようにしてミドル期までがんばってきましたが、本当に目指す世界を実現するにはあと100倍がんばらなくてはいけません。私のスケジュールは基本的に2列になっていて、目の前のミーティングに参加しながらオンラインミーティングにも出席することで、1日のミーティング時間が8時間なので1日24時間を無理やり32時間くらいにしています。そんな風に24時間をいかにゴーアップさせるかを考えてしまうくらい、時間が足りません。

　こんなことを書くと「起業って怖いな」と思わせてしまうかもしれませんが、やりだすと楽しいし充実感もあります。失敗したところで死ぬわけでもありません。むしろ大失敗した人間の方が社会的に注目されるくらいです。だから、どうか失敗を恐れないでほしいというのが最後に一番言いたいことです。

　「自分の人生で一番大事にしなくてはいけないものは何なのか」「それに至るには現在乗っているこのレールでよいのか」を是非考えてみてください。

質疑応答

―― AIと先生の共存を御社でデザインするにあたって、どのように伝え、浸透させたのかを詳しくお伺いしたいです。

　まず、浸透させきることができたとは思っていません。まだまだ我々が努力しなくてはいけないことが多分にあるという前提の上で、現在我々が何をしているのかをお話しさせていただきます。

　学習塾であれ学校であれ、新しい時代へ行かなければいけないという思いのある先生は少数ながらいらっしゃいます。その思いのある先生方に対してカスタマーサクセスを届けるということを必死になってやっています。強い思いのある先生は講演を行ったりイベントやカンファレンスに登壇する機会も多いので、そういう場で他の先生方に対する触発を促していける環境を作るのが大事だと思っています。

―― 創業メンバーの３人でビジョンや思いを伝え合うのに結構時間を割きましたか？

　エンジニアの小川とは元々仲が良く、お互いに１言えば10わかるような関係なので、特に話していません。デザイナーの鈴木とは創業時に出会ったので、たくさん話をしました。特にデザイナーには自分達のビジョンや思いを表現してもらう必要があるので、本当に深く理解してもらわなくてはなりません。

　ただ、話すことだけが大事なのかと言われるとそれだけではないはずで、もしかしたらその問題の現場に行って一緒に体験する方が早かったりするかもしれないし、言葉以外のアプローチの方法は色々あると思います。

―― 理念に共感して入ってきた社員でも総論賛成各論反対のように教育論がぶつかることもあるかと思いますが、どのように対処していますか？

　共通の目標を言語化することが全てだと思います。教育論は得てしてロジカルではなく感情論になっていきますが、感情で喋ってしまうとそこで

全部終わってしまいます。だから、「何のためにやっているのか」「何のために議論を始めたのか」を一つひとつ言葉にしていかなくてはいけません。それはどのような意味で言ったのか、どのようなことを子供達に願うからそうしたのかを明確に言語化し、「私が今から言うことは、その思いはあなたと全く同じですよ」「でも、もしかしたらこっちの方がこの子に合っているかもしれないと思うので言いますね」という会話ができるフィールドを作っていくことが重要だと思います。

講演要約

 未来のための時間を作る。

株式会社コンパス創業までの経緯
　大学在学時より起業、ITの魅力を感じインターネットを軸に複数事業を行う。

↓

　事業を譲渡し、シリコンバレーに渡る。「シンギュラリティ」という概念に出会い、大きく変わる世界の中で「未来を生き抜く力」を子供達に伝えたいと思い日本に戻ってから教育業界に参入。

↓

　塾を経営するも、集団指導の限界を感じる。AIが一人ひとりの生徒の得意・不得意を分析して、解くべき問題を自動的に出題する人工知能型教材「Qubena（キュビナ）」を開発・提供する。

シード期～ミドル期の間に直面した課題と解決
◆シード期
- IT業界での起業はビジネスマン・エンジニア・デザイナーの3人で行うべきと言われている。神野氏もこの3人でQubenaの開発を始めた。
- 資金調達はシードが一番難しい。プロダクトがない状態でビジョンを伝え、投資家に信用してもらわなくてはいけないからだ。計200人の投資家に会って話をし、フィードバックをもらいながら伝え方をブラッシュアップしていった。

◆アーリー期
- シリーズAの資金調達を行うには、シードマネーで何を成し遂げたかを投資家に伝えなくてはならない。
- 学習塾へQubenaを販売するため、神野氏は学習塾業界のコミュニティへ入り、全国の学習塾代表と人脈を形成した。
- 教育業界はプロダクトの使用者と決済者が違う特殊な業界。これまでは生徒のことだけ考えて開発をしてきたが、保護者や先生の方も見なくてはいけないと気付いた。

◆ミドル期
- 事業が急成長すると、人が増えるにつれて社員同士で知らない人が増えて空気が悪くなる。新しく入った人がどのような人なのか、情報を共有して声をかけあえる環境の構築が必要。
- 人が増えると人事評価制度も整備しなくてはいけない。どのような人物を評価するかは企業文化に直結する。

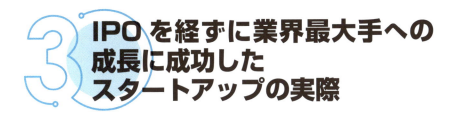

IPOを経ずに業界最大手への成長に成功したスタートアップの実際

福富七海（ふくとみ・なみ）
株式会社ランドスケイプ代表取締役社長。1954年生まれ。神戸市出身。1981年株式会社ローソン入社。1986年カルチュア・コンビニエンス・クラブ株式会社入社。1990年株式会社ランドスケイプを設立、代表取締役社長に就任。

株式会社ランドスケイプ
1990年9月創業。日本最大の企業データベース約820万件および消費者データベース約9,500万件を保有する（2018年現在）。データベースを利用したマーケティングやデータベース利用のためのツール提供を行う。

　株式会社ランドスケイプは1990年の創業なので、もはやスタートアップとは言えないでしょう。今回は、スタートアップとして立ち上がった事業がどのように変遷しながら成長を続け、業界最大手となったかという一連の流れをお話ししたいと思います。事業の変遷をシード・アーリー・ミドル・レイターの4つのステージに分けて、自己分析を兼ねて研究してきました。

　まずは前提として私が現在のビジネスを立ち上げるに至るまでの経緯をご説明します。

　私は神戸で生まれ、1981年に株式会社ローソンに入社しました。その頃のローソンはまだできたばかりの会社で、コンビニエンスストアという存在もまだ世の中に定着しておらず「深夜スーパー」と呼ばれた時代でした。

　その頃のローソンの本社は北大阪にありました。ある時、その本社から2キロくらいのところに新しいレンタルビデオ店ができました。これがTSUTAYAです。

　当時はまだコンビニエンスストアがどこまで世の中に定着するかわからない時代でしたから、他店舗と同じスペースに一緒に入る複合店という形式がよくありました。コンビニエンスストアとビデオレンタル店は客層が合うので、複合店をやったら面白いのではないかと思った私はよくTSUTAYAを視察に行っていました。

レンタル→データベース

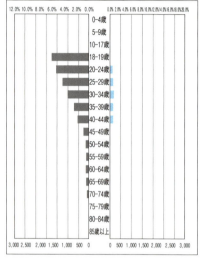
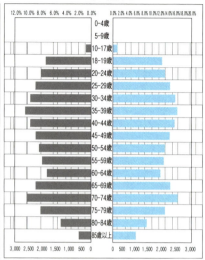

　何度も通ううちに、ある日そこの社長さんのような人に捕まります。
　すると
「うちに来い」と言われました。
　こうして私はTSUTAYAを運営するカルチュア・コンビニエンス・クラブ株式会社に入社することになります。
　当時のTSUTAYAではすでにコンピュータによる商品の管理が行われていました。商品を売って終わりではなく、貸したら必ず返してもらわなくてはいけない商売なので、ものすごいお金をかけてでもやらざるを得なかったのです。各店舗と本社の間にオンライン回線が敷かれていました。とはいえ、当時は電話回線です。一晩かけて日本全国の店舗からの情報を本社に集める、そんな時代でした。
　ここで私はこの商品管理の仕組みを会員管理に応用して、データベースマーケティング事業を立ち上げました。ところが、ひとつ大きな問題がありました。
　上のグラフを見てください。今でこそ老若男女幅広い年代の人がTSUTAYAを訪れますが、当時の会員は若い独身男性ばかりだったので

す。この会員データベースを利用してマーケティングをするにしても、情報が偏りすぎていてバイクとスキーくらいしか売ることができませんでした。

こうしてTSUTAYAとしてのデータベースマーケティング事業は失敗に終わったのですが、私は幅広い年代のデータベースを用意してこの事業を自分でやろうと思いました。こうして会社を立ち上げることになります。

1 それぞれのステージにおける課題とその解決

シード期

前述の通り、TSUTAYAでデータベースマーケティング事業を立ち上げ、その事業を応用して自分でやろうと考えていた頃が私のシード期にあたります。前の会社が落とした事業を拾ったという形になります。落としたのも私なのですが。

シード期の資金調達

個人的に小遣いとして株をやっていたので、それを売却して資金にしました。当時は日本経済が絶好調の時代で、損するのがおかしいというくらいでしたからそれだけの話です。全く参考にならない話で申し訳ありません。

1989年12月の一番最後の日が日本経済最高の日と言われています。私が株を売却したのが1990年なので、非常にいい時期に売ることができました。だいたい3,000万円になったので、1,000万円を会社に入れて2,000万円は別の口座に入れて万が一の時のために残しました。貯金をせずに株に突っ込んでいたのも結果的によかったのかもしれません。

シード期の人材採用

創業時は、当時のTSUTAYAのシステム責任者と2人で始めました。彼は今もナンバー2をやってくれています。

アーリー期

　1990年9月に株式会社ランドスケイプを立ち上げ、そこからアーリー期に入ります。日本経済がまっしぐらに落ちていく、そんな状況で会社を作りました。

　TSUTAYA時代はTSUTAYAの店舗でデータの収集ができましたが、今度は店舗がありません。紙から次第にデジタル化してきている時代だったので、病院のカルテや通販の顧客リストをデジタル化するデータ入力の仕事はたくさんありました。当時、データ入力の仕事は高いスキルを要求され、一件あたりの単価が高い仕事でしたが、それを安くやるのでその代わりデータをうちにも使わせてほしいということでデータを集めていました。個人情報の扱いに対する規制がそれほど厳しくない時代だったのです。

　当時から現在まで一貫して経営理念としているのが「固有名詞を一元管理すれば、社会に効率・安全・プライバシーを提供できる」ということです。情報を管理する者が分散すればするほど漏洩する危険が高まります。一元管理することで効率もよくなり、安全性も高まると考えています。そして、できるならばその管理を自分がやりたいと思い、この事業をやっています。

　1995年に阪神大震災が起こります。地震によって北大阪の本社にあったサーバーはやられましたが、東京支店のサーバーにもバックアップがあったので幸い営業に支障はありませんでした。BtoCの業界にとって地震は痛手ですが、我々はBtoBなので業界自体にもあまり影響はありませんでした。

　地震自体の影響は少なかったのですが、地震の影響により大阪の経済はだんだん悪くなってきて、大阪本社の経営もだんだん厳しくなってきました。そこで、97年に本社を東京に移転し、現在のオペラシティに入りました。東京に移ってから、ステージはミドル期へ移行していきます。

アーリー期の資金調達

　シード期と同様株の売却益があったため、アーリーステージでの調達は特に行っていません。テレビコマーシャルなどの一体多の販売促進よりもダイレクトメールやテレマーケティングなど一対一の仕組みが伸びていた時代だったこともあり、事業は順調で、自己資本でお金を回すことができ

ました。

アーリー期の人材採用

　幹部クラスの人材採用については、ローソンや TSUTAYA にいた頃の仲間を引っ張ってきたのでさほど苦労しませんでした。ローソンも TSUTAYA もランドスケイプも同じ北大阪の小さな駅にあったので、会社は変わっても昼飯を食べるところは同じでした。そこにいれば誰かしらが来るのです。そこで「お前うちに来ないか」という話をして引き抜いていました。

　それ以外の一般募集については、前述の通り大阪の経済が厳しくなってきたのもあり、募集をかけても優秀な人は東京に出ていて、人が集まらない状況になっていました。これが東京へ移転した理由のひとつでもあります。

ミドル期

　この時期になると、ダイレクトメールの効果が減少し市場が縮小し始めます。98年に Google ができ、インターネットが台頭してきた時代です。我々はダイレクトメールに代わってテレマーケティングに力を入れるようになりました。コールセンターのシステムを開発し、自分たちでも使いつつ他社にも売っていました。

　日本最大の法人マスターデータの構築を始めたのもこの時期です。このデータは現在では国内拠点網羅率99.7％のデータベースとなっており、全拠点にユニークコード（LBC：Linkage Business Code）が付与されています。データベース構築にあたっては、我々の大先輩にあたるアメリカのデータベース会社アクシオムを訪問し、色々と勉強させていただきました。

　2005年には個人情報保護法が施行され、個人情報の取扱いが大きく制限されるようになります。規制されるというのは悪い点もありますが良い点もあります。これはやってはいけないと線を引かれるということは、逆に言えばそれ以外はやってもいいと国が明言してくれるということです。企業にとってはやりやすくなりますし、OK か NG かわからないリスクで躊躇していた顧客が話に乗ってくれることもあります。これはビジネスチャ

ンスだと思います。

　我々は電話帳・公開情報・地図などのデータをもとに消費者データベースを構築し、一元化によりその中から富裕層を特定しました。さらに富裕層の中でも独自の評点によりランク付けしています。そして、企業から顧客データを預かり、そのデータをクレンジングして富裕層グラフを付けて返すという「富裕層マーケティング」を始めました。

　たとえば高級車の試乗会などでも、企業側の本音としては乗りたい人に乗せるよりも買える人に乗ってほしいわけです。そのためにフィルターをかける場合もあります。全てがそうだと断言するわけではありませんが。

　2008年にはリーマンショックが起こります。BtoBの会社は地震には強いですが、こういった世界経済の変化には弱いです。我々も大規模なリストラを余儀なくされました。

　そんな中、ダイレクトメールの時代にお世話になった山田養蜂場さんには多額の資金援助をいただきました。仕事上のお付き合いがあったのは10年前でしたが、それ以降もお歳暮や年賀状は送り続けていました。何事も礼を尽くしておけばいざという時の支えになるといういい例です。

ミドル期の資金調達

　このステージではJAICやジャフコなどのベンチャーキャピタル（VC）に投資をしていただき、資金調達を行いました。前述のアクシオムとも資本提携を行っています。

ミドル期の人材採用

　新卒採用を始めましたが、はじめはなかなか上手くいきませんでした。しかし、続けるうちにノウハウが蓄積されていくものです。採用を増やしましたが退職も多かったので、出戻り制度を取り入れたのもこの時期です。

レイター期

　求人と来社の強化のためオフィスをがらっと変えることにし、GoogleやFacebook、Microsoftなど、様々な企業を視察しに行きました。目指したのは磁石に吸い寄せられるように自然と人が集まってくるマグネットオフィスです。

法人データの一元化ツール「uSonar（ユーソナー）」の開発も始めました。データベースの利用だけではなく問題解決もできるクラウド型のソフトウェアです。
　法人営業をしている企業は自社の展示会や説明会で集めた見込み顧客データを持っていますが、その時点で何らかの付き合いのある企業のデータしか持っていません。しかし、その見込み顧客企業の親会社や子会社、または同じ系列のグループ会社の中には、同様に見込み顧客となりうる企業が存在する可能性があります。uSonarは、企業がもっている顧客データを入力することで、約820万件の企業データベースの中から重点アプローチすべき企業群を抽出することができるツールです。

　uSonarを提供するうちに、先方の担当者から「簡単なSFA（Sales Force Automation）[8]の機能や営業支援する機能を入れてほしい」という要望をいただくことが増えました。その気になって「やりましょう」と言ってしまったのですが、これが地獄への第一歩でした。
　オーダーメイドはやり始めるとキリがありません。どんどん要望を聞いていくうちに、はじめは簡易SFAだったはずが次第に大手SFAやMA[9]と競合するようになってしまいました。すると当然価格競争が起こりますし、顧客は複数の業者の間で相見積もりを取るのでその分受注までの期間は延びていきます。もちろん機能改善のためのコストも増えます。
　そんな時に出会ったのが、早稲田大学ビジネススクールの山田教授が書かれた『競争しない競争戦略』という本です。この中の「協調戦略」という考え方に感銘を受け、もう競争するのはやめようと思いました。
　夏休みに読んだのでお盆明けに「もう競争はしない。簡易SFAの開発は停止する」という話をしたのですが、売るために話を進めていた営業陣、開発をしていたエンジニア陣、予算を組んでいた顧客、周り中から大反発

---

8) 営業支援ツール。既存・見込み顧客の管理や営業案件の進捗管理、売上予測などを一括して管理できるツールのこと。
9) Marketing Automation。自社サイトの閲覧状況など顧客の状態に合わせて自動的に適切な広告の表示やメール送信をするツール。適時適切な情報提供により顧客の興味や商品理解を向上させることを目的とする。

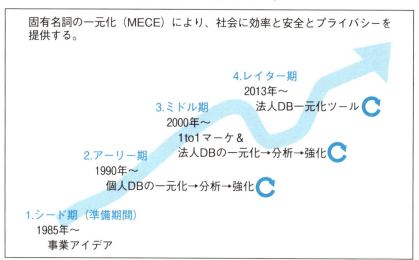

をくらいました。私はこれで平和になると信じていたのですが、考えが甘かったようです。

　そこでどうしたかというと、納得してもらうために『競争しない競争戦略』をみんなに配りました。先方の担当者である40、50代の部課長クラスの人はやはり勉強好きなので、こういう本を置くとつい読んでしまうものです。こうして「なるほど。お前の言うこともわかる」ということで、ある程度丸く収めることができました。かつて戦争をしていた大手SFAやMAとも今は共生することができています。

　SFAやMAの業界は激しい競争が行われているレッドオーシャンです。そこを避けてブルーオーシャンへ行くのではなく、我々は海の底へ潜ってしまおうという意味がuSonarという名称や潜水艦のマークには込められています。その原点に立ち返ったということです。

　それ以来、「競争しない競争戦略」からいただいて「非競」を経営方針に掲げています。「日本一ひきょうな会社」と覚えてください。

質疑応答

——株式を公開していない理由は何でしょうか。

　特に信念があって公開していないわけではありません。2006年くらいに公開直前までいったのですが、ライブドア事件があったため同じように思われたくなくてやめたままそれっきりになっています。しかし、資金調達のためではなく情報開示による信頼性獲得のため、来年くらいにIPOをしようかと考えています。

——個人情報保護法の施行や紙から電子への流れなどの経営の根幹を揺るがすような社会の変容が発生する中、お話を伺う限りではすんなりと適応していらっしゃると感じます。適応に成功するための準備や対策などがありましたら教えてください。

　私は営業をやったことがありません。ローソンやTSUTAYA時代も含め、これまでの人生でひとつも契約を取ったことがありません。さらに、プログラムを書いたこともありません。役割分担ができているので、営業もしないシステムもわからない私はよく言えば企画屋、悪く言えばただの心配性な人間です。何もできないから心配性なのです。

　心配性なので悪い状況を色々想定します。いいことよりも悪い予感の方が当たる自信があるくらいです。そのための対策を常に打っているというのがひとつの理由ですかね。

——データベースのメンテナンスはどのように行っているのでしょうか。

　企業の登記情報をチェックしたり、保健所に開示請求をかけたりですね。毎月日本中の会社に電話をかけてつながるか確認するというのもやっています。電話が通じなくなればどこかへ移転したのかもしれません。調査してみて引っ越しているわけでもなければ廃業した可能性がある、と何段階かのフラグを付けて管理しています。調査部という専門のチームがあり、こういった形でひたすら日本中の企業情報をメンテナンスしています。

講演要約

 「非競」——戦わず、規制すらビジネスチャンスに換える。

ランドスケイプ社の事業の変遷
前職 TSUTAYA で立ち上げた事業を応用し、データベースマーケティングを企画

↓

ダイレクトメールによる一対一のマーケティングを行う

↓

日本最大の法人データベースおよび消費者データベースの構築を開始

↓

法人データの一元化ツール「uSonar（ユーソナー）」の提供を開始

それぞれのステージにおける課題とその解決

- シード期……バブル崩壊後の1990年に会社設立。前の会社が落とした事業を拾う形で、株の売却益により自己資本で起業（よってシリーズA[10]調達は行っていない）。1995年の阪神大震災でも BtoB なので打撃は少なかった。
- アーリー期……ダイレクトメールによる一対一のマーケティングで好調。資金はシード期に引き続き自己保有株の売却益。幹部候補のメンバーは前職、前々職時代の仲間をスカウト。大阪で人が採れなくなってきたため東京に移転。
- ミドル期……ダイレクトメールの効果が減少し市場が縮小し始める。98年に Google ができ、インターネットが台頭してきた時代。ダイレクトメールに代わってテレマーケティングに力を入れる。コールセンターのシステムを開発し、自分たちでも使いつつ他社にも販売。

　日本最大の法人マスターデータの構築を始めたのもこの時期。現在の事業の核となる日本最大の法人データベース、および消費者データベースの構築を開始。VC からの資金調達を開始。リーマンショックでは大きな損害を被ったが、古くから付き合いのある会社に助けられた。
- レイター期……法人データの一元化ツール「uSonar（ユーソナー）」の提供を開始。顧客の要望により簡易 SFA 機能を搭載したことで大手の SFA や MA と競合することになるが、争わずに共生する「非競」を経営方針に掲げることで争いを回避。簡易 SFA の開発は中止された。

社是
「固有名詞を一元管理すれば、社会に効率・安全・プライバシーを提供できる」。創業から28年間、ビジネスモデルは何度も変わったがこの経営理念は変わっていない。

---

10) スタートアップ企業において、ベンチャーキャピタル等が最初に出資するラウンド。主な段階（ラウンド）には、シードラウンド、シリーズA、シリーズB、シリーズCなどがあり、順調に成長できなければ、次のラウンドの資金調達に辿りつけない。

成長に伴う歪みを克服できるか？が
成長を維持するための鍵

ミドルステージで頻発する「カネ」と「ヒト」の問題

　前述の通り、PMF（プロダクトマーケットフィット）を実現し、ミドルステージに入ると、企業は売上・組織両面で大きな成長を経験することになる。ミドルステージの課題であるグロースドライバーは未発見のため急速とはいえないまでも、顧客が求めているプロダクト・サービスを提供できているわけなので、自然と売上は増えていく。それに応えるために組織も拡大していく。ここで発生しやすいのは「カネ」と「ヒト」の問題だ。

ミドルステージで「カネ」が問題になる理由

　ミドルステージでは成長ドライバーの発見により成長を加速させることが求められる。具体的に言うと、「事業が成長するためにやるべきこと（＝どこにお金を投下すればよいか）」を明確化できれば、ミドルステージを脱することになる。

　ここで発生しやすい問題の1つは資金繰りである。

　ビジネスモデルにもよるのだが、プロダクトを開発し、プロモーションによって顧客を獲得し、納品のための物流を整え、カスタマーサクセスの体制を構築する。これに時間とコストがかかることは当然だが、売上の発生より資金の回収タイミングの方が遅いことが多い。

　事業が成長している時期というのは、キャッシュフローが悪化しやすいのである。

ミドルステージのスタートアップは、事業が伸びて黒字が出始めていたとしてもキャッシュフローは大幅なマイナスという状況であることが多い。この状態で大きな借り入れは難しいので、必然的にエクイティ[11]での調達となる。

　COMPASS 神野社長が述べた通り、シード・アーリーラウンドで調達実績があれば調達しやすいが、当初の見込み通り成長していないとその分だけ調達は難しくなる。

　エクイティによる調達はどうしても社長の稼働を奪う業務であるから、調達に工数を取られる分だけ事業開発は遅れてしまうことになる。ミドルステージの企業の中には、この悪いスパイラルに陥ってしまう企業も存在している。ミドルステージで M&A をするケースは、こういった「成長しているが、資金が足りない」ケースにも見られる。

ミドルステージで頻発する「ヒト」の問題

　また、ミドルステージは「カネ」の問題以上に「ヒト」の問題に直面する企業が多い。今回登場いただいた3社も課題は異なれど、人事組織課題を経験されている。これには多くの原因があるが、1つの要因は「社長が全てを見きれなくなること」だと考えている。この点は同じ人材課題であってもアーリーステージとは原因が異なる。

　起業家は総じてスーパーマンであることが多いが、人である以上限界がある。会社規模が小さいうちは少々の問題があっても社長自身がカバーできるが、一定の規模を超えると人間の能力の限界を迎える。特に人材の問題は採用にせよ、社員スキルにせよ、企業文化にせよ解決に時間がかかる。

　早く成長しなくてはならないスタートアップにとって解決に時間がかかる問題というのが一番厄介である。

　本稿で登場いただいた3社に限らず、多くのスタートアップが人事組織

---

11) 企業の資金源のうち、出資によるものを指す。もう一つの資金源である借り入れはデットと呼ばれる。

に問題を抱えている。スタートアップ業界では短期間での社員の大量離職という話は決して珍しい話ではない。一般に30名を超えるとマネジメントが難しくなり、50名が限界と言われている。そして、組織が大きくなればなるほどマネジメントの問題の解決は難しくなる。

マネジメントの問題とは、極端に言えば人と人との関係性の問題だからである。

組織に所属する人間の数が増えると爆発的に「関係性の数」が増える。2人しか人間がいない場合、関係性の数は「1」だが、3人であれば「2」、10人であれば「45」に、50人では「1,225」になる。この例で言えば、人数が25倍になったが、関係性の数は1,225倍になっている。2つの関係性の解決であれば社長が自ら対応することはできるだろうが、1,225の関係性を社長1人で対応することは不可能と言っていい。

一般に、問題が起こる前より起こった後の解決の方が大変である。

拡大に伴う「ヒト」の問題を避けるためにはミドルステージ以降で自社に必要な人材・組織・文化がアーリーステージ以前で理解されており、それを実現するための施策が成功していなければならない。

2018年に上場を果たした「メルカリ」は草創期に拡大後を見据えた人事制度を構築していたと言われるが、稀有な事例といっていいだろう。ビジネスモデルが変われば必要な人材も組織も文化も変わる。事前に見越すのは簡単ではない。

ただし、「カネ」の問題もそうだが、ミドルステージ以降、「ヒト」の問題が起こりやすいということを知っているだけでも対策は打つことができる。アーリー・シードステージのうちから、ミドルステージで想定されるビジネスモデルを前提にした場合に必要な人材の定義や評価制度の構築を準備しておくだけでも、問題は解決されやすいと思われる。

レイターステージの問題は市場環境の変化への適応

レイターステージまで到達してもイグジットできるとは限らない。レイ

ターステージとされる調達を成功させたスタートアップで40〜50％程度がIPO成功率と言われる。M&Aに至るケースもあれば、上場断念や大幅な延期を経験した企業も少なくない。近年でいえば、2006年のライブドアショックや2008年のリーマンショック時に上場を断念せざるを得なかった企業が多かった。

　また、レイターステージに入る頃には創業から4〜5年経っていることが一般的である。当初は顧客に大きな価値を提供できていたが、市場環境の変化によって当初と事業内容を変化せざるを得なかったり、事業継続自体が難しくなってしまったりする例もある。

　本章で登場いただいたランドスケイプ社は、個人情報保護法の施行を契機に事業内容を変化させ、市場環境の変化に適応できた好例であろう。こういった市場環境の変化への対応はレイターステージ特有のものではなく、IPOやM&Aといった「イグジット後」も続く問題である。むしろ、市場環境は変化し続けるものであるからゴーイング・コンサーン[12]を実現する上で必要な対応だと言えるだろう。

---

12)「継続企業の前提」とも言うが、企業が将来に渡って永続的に事業を続けていくこと。

第**4**章

M&Aに成功した
スタートアップ

第4章ではM&Aに成功したスタートアップにご登場いただく。
第4章では
- KDDIとのM&Aに成功した高級宿泊サイト「Relux」を運営している株式会社Loco Partners 代表取締役社長 篠塚 孝哉氏
- メディアドゥホールディングスとのM&Aに成功した書籍要約サイト「flier」を運営する株式会社フライヤー代表取締役 大賀 康史氏
- DMM.comとのM&Aに成功した音楽SNSアプリ「nana」を運営する株式会社nana music 代表取締役社長 CEO 文原 明臣氏

の3氏にご登場いただく。

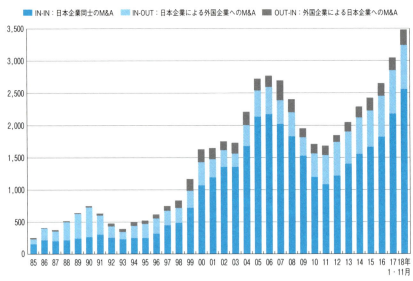

出典：MARR online https://www.marr.jp/genre/graphdemiru

会社を売却するということについて、以前は経営の失敗といったネガティブな意味をもっていた時代が長かったが、ここ10年位の間に大きくその意味するところは変わったと言えるだろう。持続する好景気や大企業の新規事業開発ニーズの高まりを反映してM&A件数自体が大幅に増加している（下図参照）。
　今回ご登場いただく3社のように、大手企業とのシナジーを目的として会社のM&Aをするケースも同様に増えている。
　アメリカでは日本より古くからMicrosoftやGoogleなどのITジャイアントとM&Aをする目的でスタートアップを立ち上げるケースが多く見られたが、ようやく近年になって日本でもそれに近しい事例は増えている。
　上述の通り大企業の新規事業開発ニーズをM&Aによって実現しようとするケースが増えているという大企業側の要因に加え、これに伴って大企業とM&Aをしたスタートアップがm&A先とのシナジーを発揮できる事例が増え、M&Aに積極的になったというスタートアップ側の要因もある。こういったことを通してかつてのようにスタートアップ失敗の救済措置という捉えられ方は相当に薄まったように思う。
　イグジットの成功パターンに変わった「M&A」がスタートアップにどのような影響をもたらしたのか、どのようにM&Aの判断をしたのか、3社の経験を通して考えたい。

10 起業からM&Aまでの過程と課題解決

大賀康史（おおが・やすし）
1978年東京都生まれ。2003年に早稲田大学大学院修了後、アクセンチュア株式会社製造流通業本部に入社。同戦略グループに転属後、フロンティア・マネジメント株式会社を経て、2013年に株式会社フライヤーを設立。

株式会社フライヤー
2013年6月設立。書籍の要約サイト『flier（フライヤー）』を運営する。2016年にM&Aにより株式会社メディアドゥの子会社となる。

『flier（フライヤー）』はビジネス書を始めとした書籍の要約を提供するサービスです。月に約30冊、毎日1タイトルずつ更新しています。忙しいビジネスパーソンが隙間時間を利用してビジネスに役立つ知識・教養を身につけられる、というコンセプトでサービス提供しています。300ページの本の内容を約6ページ程度に要約しています。要約を読んだ多くの方が紹介している本を購入しているので、結果としてはビジネス書の販売にも寄与しています。

このビジネスの構想を得たのは前職に在職していたときでした。2013年に起業をして、創業から3年半経った2016年に、電子書籍取次大手の東証一部上場企業である株式会社メディアドゥとのM&Aとなり、現在に至ります。

ここまで、様々な課題や困難がありました。今回はその過程でどのような形で困難にぶつかり、どのように乗り越えていったのかをお伝えします。

1 事業の構想を得てから起業するまで

起業家は大きく2つに分かれます。もともと起業しようと思っていた人と、生きていく上でのテーマとなるようなアイディアが急に浮かび起業した人です。私は完全に後者になります。思いつくその瞬間まで、事業を起

> - 起業のきっかけ（雑談、ディスカッション）
> - 家族との相談（妻とその両親）
> - 上司、代表との面談（一週間、翌日退職）
> - 孫泰蔵氏のプログラムへの採択〜最優秀賞受賞
> - ピッチコンテストの受賞（百回のプレゼン練習）

こすなんて考えたこともありませんでした。

　4月中旬のある火曜日のことです。私は同僚との雑談の中から、ふとしたきっかけで思いついた本の要約サービスの構想について話をしていました。水、木曜日の業務終了後メンバーでディスカッションをし、金曜日に上司に相談したところ、週末の間に当時在籍していたフロンティア・マネジメントの代表にまで話が届いたそうで、月曜日に呼び出されて「明日が最終出社日だ。事業に集中しな」と言われました。

　結果として会社に後押しをしてもらった形になりましたが、半分クビになったようなものだとも思っています。

　アイディアの発想からわずか1週間で退職することになり、起業準備をしていたところ、MOVIDA JAPANのアクセラレータープログラムで我々の事業が採択されたという連絡が入りました。アクセラレータープログラムは、シード段階のスタートアップ企業が資金やノウハウを投入され、成長を支援してもらえるプログラムのことです。

　我々は最終的に最優秀賞をいただき、メディアからも注目されました。Webサービスでは初めの1,000人のユーザーを集めるのが非常に大変だといわれますが、メディアに掲載いただいたことで広告費を全くかけずに初期のユーザーを増やすことができたのは幸運だったと思います。

2　数々の困難を経てM&Aへ

　幸先よくスタートしたものの、ものごとはそう上手くはいきません。創業して約1年間、フライヤーの事業は売上がほとんどありませんでした。

困難な時期を経てサービス成長

- 資金ショート（理念の異なるメンバーの離散）
- ワールドビジネスサテライトの特集
- 資金調達（直前での拒絶、一日で投資決定）
- サービス再成長（採用、再度テレビの特集）
- M&Aとその後（出会い、連携加速）

　社内も社外も応援してくれる人も含め、事業が成長さえしていれば、周りの方に応援してもらえますし、社内のメンバーは前向きな雰囲気になります。その一方で、売上も成長もなければ逆のことが起こります。

　まず、売上がないので当然資金がなくなってきました。自分も含めた経営メンバーの給料を止めても資金が足りず、実質的に資金ショートとなり、創業メンバーが自己資金を投入したこともありました。

　メンバーの考えの方向性にも違いが出てきました。当時も今も、我々はすべての書籍の要約について出版社に許諾を取った上で作成した要約を、出版社の担当編集者や著者にチェックしていただいてからリリースすることにこだわっています。また、要約を広めることにより本の売上につなげるということにこだわっていました。しかし、成長の停滞が続いたため、「それらは後に回して、先に多くのコンテンツを揃えてユーザーを増やすべきだ。その後、交渉や検証をすればいい」と言うメンバーもいました。私は同意しませんでしたが、他の分野ではそのような手法で大きくなったサービスもあります。

　しかし、元々フライヤーでは「三方良し」を行動指針に掲げています。著者・出版社・ユーザーなど、すべての方にメリットを感じてもらえなければ意味がありません。一時的とはいえ許諾のない状態でコンテンツを公開することをしてはいけないと考えました。

　議論は平行線をたどる中で、私がその点で一切譲るところがなかったため、未払いとなっていた報酬等の支払いをした上で、創業メンバーも含め

> **キャリアを築くということ**
>
> - 人生は一度きり
> - 好きなことを仕事にする
> - 好き→がむしゃら→得意→褒められる→もっと好き→という好循環サイクル
> - 自分にとって、何をしているときが楽しかったか、熱中できたか、思い出してみる
> - それを抽象化したものこそが、本質的に自分が好きなもの
> - 起業はその際の有力な選択肢の1つ

た2人がチームを離れることになりました。4人中2人が抜け、しかもそのうちの1人は唯一プログラムを書けるエンジニアでした。資金もリソースもなく、窮地に立たされました。

そのような時に奇跡が起きました。我々の事業についてテレビ東京の方に書店との協業についての話をしたところ、ワールドビジネスサテライト(WBS)という夜11時からの有名なビジネス番組で3分間の特集を組んでくれたのです。

放送が始まってから大量のアクセスにより、ピーク時は数分間サーバーが落ちたほどのアクセスが集まり、ほとんどゼロだった売上が月額130万円くらいまで跳ね上がりました。テレビ放送の力は非常に大きいものです。

このインパクトによって我々は成長軌道に戻ることができました。成長により資金調達が1日で決まるというもう1つの奇跡があり、資金ショートが解消され、その後無事エンジニアも加わり、創業から3年半が経った2016年10月にM&Aを迎えました。

M&Aをすると1つの目的を達成したこと、買収元企業との関係が難しいこと、新たなチャレンジを見つけたことなどを背景に、早期に辞める経営者も多くいます。しかし、私は本が大好きでこのサービスを始めていますし、フライヤーには才能ある素晴らしいメンバーが集まっているので、可能な限り続けたいと思っています。

大企業同士でも、M&Aの成功率は3割と言われています。そのような中で、スタートアップ買収のよい成功事例として紹介されるくらい、誰の目から見ても成功といえるM&Aにすることが今の目標です。

3 多くのスタートアップ企業の経営者が直面する3つの悩み

スタートアップ企業の経営者の悩みは「事業」「人」「資金」の3つが99％を占めます。それぞれについて、私の考える対処法をご紹介します。

事業

リーンスタートアップという言葉をご存知でしょうか？アメリカの起業家エリック・リースが自著『The Lean Startup』の中で示した事業立ち上げのための方法論で、完成形のものを市場に出すのではなく最低限の機能の製品やサービスを市場に出して、ユーザーからのフィードバックを受けながら改善していく手法です。トヨタのリーン生産方式が考え方の元になっています。

これは事業を立ち上げる上で非常に重要なアプローチです。市場に出す前の段階でも、まだ動かないモックアップや、極論を言えばシステムすら作らない状態でサービスを紙で実現して見せるだけでも構いません。自分、もしくは自分達だけで悩んでいるよりも、できるだけ早く周りの人に見せて、フィードバックを受けて改善していくことが大切です。

自分の時間の使い方を考え、コントロールしていくことも経営者には必要です。時間はサービス改善（プロダクト改善、コンテンツ作成等）と対外活動（営業・資金調達・採用・PR等）のために使うべきです。悩みごとにかまけて考え込んでいる時間は全く成長の足しになりません。

いくら1日に10時間12時間と働いても、サービス改善や対外活動に使っている時間が3時間ならばその3時間しか成長には寄与しないのです。

事業を成長へ導くには「執念の力」も大切です。これは私の言葉ではなく、ユーグレナの出雲社長の言葉です。

出雲社長がユーグレナ（ミドリムシ）で食料を作って売り始めた時、2年

間で何百社を回っても取り扱ってくれる企業はほぼゼロだったといいます。2年間負け続けながらも執念の力で営業を続け、唯一本格的に取り扱ってくれた1社、伊藤忠商事に巡り遭いました。その後ユーグレナは一時期、時価総額1,000億円を超えるほどの上場企業になっています。

　たとえ成功率が1％のトライだとしても、500回挑戦を続ければ確率論的には成功確率が99％を超えます。言い換えれば、1回の失敗確率が99％であったとしても、500回連続で失敗する可能性は1％以下であるということです。執念が大事だというのは、ただの精神論ではありません。数学的に証明できることです。

人──採用

　ベンチャー企業にとって採用は非常に重要です。その人がいることによって企業の価値を10倍にする人もいれば、3分の1にしてしまう人もいます。仲間を引き連れて辞めてしまうような人もいます。採用に失敗すると、プラスにならないどころかマイナスになる場合もあるのです。

　採用において私が重視しているのはカルチャーフィットです。愛されて育ってきた人は信頼関係を築きやすいものです。

　また、できれば採用する前に一緒に働いてみるのが望ましいと思います。一緒に働くと、会話の内容やプロジェクトの進め方、発想がポジティブかネガティブかなど色々なことが見えてきます。2、3日ほどでその人が採用に足るかは大体分かるものです。

　ベンチャー企業での採用においては、企業文化に合っているか、話していて違和感がないかが圧倒的に一番大事です。フライヤーは「ヒラメキ溢れる世界を作る」というミッションを掲げているので、それに本当に共感しているかどうかも重要なポイントです。

　次がポテンシャル、伸びしろです。与えられた指示をただ実行するだけではなく、自分の頭で考えて改善策を作り出せる人は後々ものすごく伸びます。スキルはあるに越したことはありませんが、足りなければ後からでもついてくるものです。

資金

ベンチャー企業に無駄なお金は1円たりともありません。例えばシステム構築に200万円かかると思われていたところを100万円でできたとします。「100万円浮いた」と喜んでいる場合ではないのです。その100万円を使って成長のために何ができるかを考えなくてはいけません。時間と同様、お金も成長のために使うべきです。

3人前後のスタートアップで月30万円以上かかるきれいなオフィスを使っているケースをよく見かけますが、マンションの一室のようなオフィスで十分だと思います。その分を節約すれば優秀な人材を採用して成長につなげることができます。

また、資金調達をしようと考えている場合、絶対に資金調達をした経験のある先輩経営者にアドバイスをもらってください。ひとりでいくら悩みながら勉強しても、暗黙のルールや突っ込んだ話はほとんどわかりません。

資金に関しては、企業にとって一番美しいものは売上で作られたお金だと考えておくといいです。起業家の世界では「何億円調達した」「何十億円調達した」ということが華々しいニュースとして駆け巡るので資金調達すること自体がかっこいいと勘違いしてしまう人がいますが、それは違います。事業を成長させて売上を上げ、そこから得たお金を次の成長のために使うのが、当然ながら一番の理想です。

たとえ事業モデルが初期に赤字を大きく出しながら、急激にグロースをさせる形態だったとしても、資金調達による資金よりも売上に伴う資金の方により価値があります。メルカリのように戦略的に売上を上げず、後で有料化が見えていたサービスは例外的です。実績を上げることは次の資金調達にもつながります。成功確率を少しでも上げるためには、資金調達に対して必要以上の時間をかけるのではなく、事業の成長にフォーカスをすべきです。

質疑応答

――起業してから現在に至るまでの最大の困難とそれをどう乗り越えたか教えてください。

創業して1年前後のタイミングだったと思います。事業が伸び悩み、資金がショートして、主要な人が辞める、という状況になりました。それらの問題が個々に発生する場合はまだ対処ができるものです。事業の問題は成長施策を様々試していくこと、人の問題であれば採用を進めることやミッション・バリューの浸透を図ること、資金の問題だけであれば資金調達を進めることが主な対処策になります。ただ、それらが同時に来た時にどう対処するか。これはとても難易度が高い問題です。

そのような状況になった場合、1つの魔法のような解決策はありません。フライヤーのケースでは事業に集中する中で、メディア露出につながり、事業が伸びたことが解決のきっかけになりました。奇跡的なできごとが起きるまで、執念じみた努力をするということだと思います。

その時にテレビ局、投資家などの様々な方にお世話になりました。一番つらい時に支えていただいた方々には、一生頭が上がらないと思います。

――VCやエンジェルからのエクイティでの資金調達にあたって注意することがあれば教えてください。

日本国内におけるVCあるいはエンジェルからの資金調達には、様々なお作法があります。例えばストックオプションを出せる割合、一度の資金調達で希薄化する割合、創業メンバーの保有割合、株主構成、資金調達時の契約内容などが該当します。

それらのことは私のように創業して初めてわかる人も多くいるはずです。ある程度スタートアップへの感度が高い方でも詳しくは知らない人が多いように思います。できるだけ、経験者のアドバイスを受けながら判断を行っていくことが望ましいです。

講演要約

 仲間の執念の総量こそが事業の成長力を決める。

書籍要約サービス『flier（フライヤー）』のM＆Aまで
　flier（フライヤー）……ビジネス書をはじめとする書籍の要約を提供するサービス。忙しいビジネスパーソンが隙間時間を利用してビジネスに役立つ知識・教養を身につけることがコンセプト。

◆課題その１：
　起業から１年の間は売上がほとんど上がらなかった。資金難から創業メンバーが自己資金をさらに投入したことも。

　解決その１：
　テレビ局の方に事業内容を紹介したところ、ビジネス番組で３分間の特集を組んでもらえた。テレビ放送のインパクトはWebメディアや新聞記事に比べて非常に大きく、ほぼゼロだった売上が一気に跳ね上がった。

◆課題その２：
　方針の違いからメンバー間の対立が発生。事業の成長速度を志向する複数名のメンバーが離れる結果となった。

　解決その２：
　著者・出版社・ユーザーなど、周りの人間がすべてハッピーにする「三方良し」の行動指針に従い、クリーンである中でできるだけ早い成長を実現する道を選んだ。辞めたメンバーには唯一のエンジニアも含まれたため人材難に陥るが、テレビでの特集放送や資金調達後に無事採用することができた。

◆Ｍ＆Ａとその後
　課題解決によって成長路線に戻り、創業から３年半を経た2016年10月に株式会社メディアドゥによってＭ＆Ａ、子会社となる。Ｍ＆Ａをして目的を達すると辞めてしまう経営者も多いが、大賀氏は元々本が好きでこのサービスを立ち上げたことと、魅力的なメンバーが集まっているため、今後もトップとして経営を続ける意向。

スタートアップ企業の経営者が直面する３つの悩み
　スタートアップ企業の経営者の悩みは「事業」「人」「資金」の３つが99％を占める。

◆「事業」の悩みとその解決
- 製品やサービスは完成形でなくてもまずは世に出して他人からフィードバックを受けるべき（リーン・スタートアップ）。
- 経営者の時間は事業の成長のために使うべき。いくら働いてもサービスの改善や対外活動に費やした時間以外は成長にほとんど寄与しない。
- 事業を成功させるには「執念の力」が大切。成功率が１％のトライでも、500回挑戦すれば成功率は99％を超える。

◆「人」の悩みとその解決
- 愛されて育った人とは信頼関係を築きやすい。
- 採用の前に数日～１週間、一緒に働いてみることが望ましい。
- 現在のスキルよりも、第一に企業や創業者とのカルチャーフィットを、次にポテンシャル（伸びしろ）を重視するべき。スキルは後からでもついてくる。

◆「資金」の悩みとその解決
- ベンチャー企業に無駄なお金は１円たりともない。きれいなオフィスを借りるよりも優秀な人材を採用する方に資金を使うべき。
- 資金調達をしようと考えるならば、必ず実際に経験した先達から話を聞くべき。傍からはわからない暗黙のルールもある。
- 資金調達で大金を調達するのがかっこいいと誤解されがちだが、企業にとって一番美しい資金は「売上」による資金である。

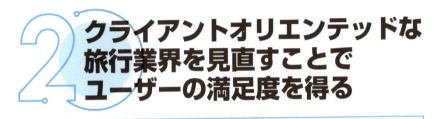

2 クライアントオリエンテッドな旅行業界を見直すことでユーザーの満足度を得る

篠塚孝哉（しのづか・たかや）
1984年生まれ。東洋大学経済学部卒業、東京大学EMP修了。2007年に株式会社リクルートに新卒入社、旅行カンパニーに配属。2011年9月（当時27歳）に株式会社Loco Partnersを創業し、代表取締役に就任。2013年3月、宿泊予約サービス「Relux」をローンチさせる。趣味は旅行、ランニング、ギター、ワインなど。著書：整理の習慣（かんき出版）、メディア出演歴：日本経済新聞、産経新聞、テレビ東京、フジテレビなど。

株式会社 Loco Partners
2011年9月創業。一流ホテル・旅館の宿泊予約サービスRelux（リラックス）を提供するインターネット総合旅行代理店。2018年3月にKDDIグループに参入。2018年12月にEmotion Techと日経BPコンサルティングによって行われた顧客ロイヤルティ調査レポートではNPS（ネットプロモータースコア）1位を獲得した。

　旅行の話をする時、誰もが皆笑顔になります。こんな産業はほとんどありません。私たちはこの「旅行を作る」仕事をしています。最も幸福な仕事のひとつではないでしょうか。

　Relux（リラックス）は満足度の高い宿泊施設だけを厳選して紹介する一流ホテルや旅館の宿泊予約サービスです。サービスのボリュームよりも顧客満足度を重視して運営しており、旅行予約サイトの顧客満足度調査では1位をいただいています。

　今回は、起業から宿泊予約サービスReluxの立ち上げに至るまでの経緯や、私が大学生の皆さんに伝えたい生き方のポイント・課題をお伝えしたいと思います。

1　震災の被害に遭った地域を助けるために起業

　私が起業したのは2011年、東日本大震災のあった年です。
　私は2007年にリクルートに入って企画営業をしており、福島県の担当をしていた時期がありました。震災があった時私は東京にいましたが、担当

していた旅館の方々が連絡をくれて「篠塚くん、今福島は大変だから助けてよ」と頼まれたのです。

頼られた私は宿や地域のために自分も何かできないか、という思いに駆られ、会社を立ち上げました。当時はReluxの構想もまだありませんでしたし、何をやる会社かすら決めておらず、完全なるノープランです。ただ1つだけ決めていたのが「地域のパートナーになろう」ということです。

Loco PartnersのLocoにはローカルという意味があります。地域のパートナーになるという思いだけ社名に込めて会社を始めました。

起業して1年半くらいの間は、SNSのマーケティング事業を中心に色々試行錯誤していました。SNSマーケティング事業は順調でしたが、個別のホテルや旅館の課題は解決できても旅行業界全体の課題を解決できているとはいえないという思いもありました。

やはりマーケティングやコンサルティングよりも、世の中にインパクトのあるサービスを自ら作りたいということで、2013年3月に半年の開発期間などを経てReluxを立ち上げました。

宿泊予約サービスReluxは現在会員数が200万人を突破、グローバルでも45万人以上の会員がいます。Reluxはローンチ前の2013年2月に6,000万円の資金調達、2014年にも3.3億円の資金調達と非常に順調に見えるかもしれません。しかし、実態は全然順調ではありませんでした。

例えばこの累計予約金額推移のグラフを見てください。近年は順調に伸びていますが、立ち上げて1～2年はほとんど予約が入っていない時期が続いています。この時期は自分達で予約を入れて旅行に行くセルフ予約をするしかありませんでした。友達や前職の先輩に電話をかけて「旅行に行く時は絶対にReluxを使ってください」とお願いをしたこともありました。

2015年に入りようやくある程度予約が入るようになりましたが、同時期のスタートアップであるメルカリやマネーフォワード、ラクスルなどがぐんぐん伸びる中で取り残されているという焦燥感は常にありました。周りはどんどん資金調達をしてサービスをグロースさせているのに、我々は苦戦していたのも焦りの一因です。

2016年に入り予約数は徐々に伸びてきました。私は営業もするし経営者

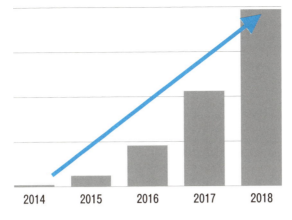

年単位の予約金額
年率250%で、
予約金額は伸長

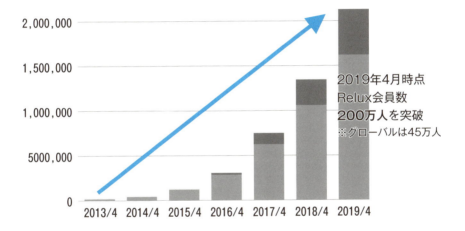

2019年4月時点
Relux会員数
200万人を突破
※グローバルは45万人

として採用もするし、電話受け取りや、印刷などの庶務業務をすることもあったりと、とにかくカオスな時期でした。

　2017年頃にようやくOTA（オンライン旅行代理店）としての市民権を得ることができました。すると今度は管理体制の問題が噴出します。

　法律面のチェッカーもいなかったので、契約書の作り方もわかりませんでした。財務や経理もめちゃくちゃです。この時期は内部の整備が本当に大変でした。

　スタートアップは外から見るとピカピカで綺麗に見えますが、内部は常

に泥臭いものです。我々も順調な時期は全くありませんでした。

2　クライアントよりも旅行者満足度を優先したサービス

　話はRelux立ち上げ前に戻ります。宿泊予約サービスReluxを作るにあたり色々と考えていた時、旅行業界の致命的な構造的課題に気づきました。それは、これまでの旅行サービスは「クライアントオリエンテッドなサービス」であったということです。これは私がリクルートでじゃらんにいた頃から薄々感じていた課題です。

　これまでのサービスでは、多くの場合クライアントである宿泊施設側の要望ばかりを聞いていました。クライアントから「パンフレットの1ページめに掲載してほしい」「検索順で上に出してほしい」という要望があれば、広告費をもらってそのようにします。

　これはクライアントの満足は得られるかもしれませんが、ユーザーの立場に立ってみるとどうでしょうか。例えばユーザーが「彼女にプロポーズしたいのでいいホテルを探している」と旅行代理店に相談したとします。もう何が起こるかわかるでしょう。代理店は広告費としてより多くのお金をもらっているホテルを紹介します。

　ユーザーよりもクライアントを優先した結果、ユーザーの「思っていたのと違う」という残念な体験を増やしてしまうのです。

　この課題の解決策として、満足度の高い宿泊施設だけを厳選して紹介するReluxを作りました。大事な旅行の際に使ってほしい「100％カスタマーオリエンテッド」なサービスを目指しています。

　私は「じゃらん」にいたので、友人からよくおすすめの宿泊施設を聞かれることがあります。目的や予算、要望を聞いて3つくらい厳選して提案すると、ほぼその3つの中から決まるのです。インターネット上の予約サービスで検索すれば数万件の宿泊施設が掲載されていて、それぞれたくさんのプランが用意されているにも関わらず、です。

　情報ソースが信頼できるものならば、選択肢は多くなくていいのです。

3 大学生に伝えたい、生き方のポイント3（＋1）

学びメモを作ろう

　これはおまけですが、非常に重要です。学んだことを1つの場所にまとめておくという習慣を持っている人は強いと感じています。セミナーや勉強会で学んだことに限らず、飲み会やサークル、部活など、どんな場所で感じたことでも構いません。

　社会人になって10年も経つと、皆さんが思っている以上にこれを活躍している人と活躍できていない人の差が出てきます。活躍している側の人を見ると、ほぼ確実にメモを取りまくっています。

　メモの形式はどのようなものでも構いません。私はGoogleドキュメントにメモをしていますが、モレスキンのめちゃくちゃいいノートを買ってメモをするのもよいし、Evernoteでもなんでもよいでしょう。とにかくメモとして保存しておく場所を一箇所作って、そこに記録する習慣を持っておくといいのではないかと思います。

夢はなくても大丈夫

　大学生の時期は将来の夢や目標について聞かれる機会が多いと思いますが、私は夢がなくてもいいのではないかと思っています。夢がなくても、目の前のことを本気でがんばり続けることができる人が結果を出しているからです。

　Reluxの例で言うと、現在の私は日本を代表する旅行代理店を目指していますが、立ち上げ当初からそう思っていたわけではありません。美談にするならば思っていたことにすればいいのかもしれませんが、全く思っていませんでした。起業した直後は明日会社があるかどうかもわからず、生きるのに必死でした。

　ビジョンを持てるようになったのは2、3年目になってからです。予約数が伸びてきたことで、もっと上を目指せるかもしれないと思えるようになりました。

　そして現在、Reluxは日本を代表する旅行代理店になれると私は本気で

思っています。事業の成長と共にビジョンもどんどん成長しているのです。

　やりたいことや就きたい仕事がある人はそれでよいのですが、なくても焦る必要はありません。それよりも目の前のことをきちんとこなして成果を出すことが大切です。自分が成長することで夢を持てるようになることもありますし、夢はどんどん成長していきます。

「点と点をつなぐ」の続き

　スティーブ・ジョブズの有名なスピーチに「点と点をつなぐ」というものがあります。

　ジョブズは大学を中退し、興味のあるカリグラフィーのコースだけを聴講していました。その当時、カリグラフィーは彼の人生に役立ちそうなものではありませんでした。しかし後にAppleを創業した際、カリグラフィーを学んでいたおかげで美しいフォントを持つコンピューター・マッキントッシュを生み出すことができました。過去の時点では予想していなかった点が、未来の点につながったのです。

　「点と点のつながりを予測することはできない。（中略）だから、どこかで必ずつながると信じなくてはいけない」とジョブズは言っています。

　世の中にはこの話を曲解している人がいます。点は必ずつながるのだからと言ってむやみに職を変えたり、異動をし続ける人です。大学生ならば、短期間で何度もアルバイトを変えたり、ここは自分には合わないと言って逃げてしまうケースがあるでしょう。私にも過去を振り返ると思い当たる節があります。

　しかし、覚えておいてほしいのは「つながるのはがんばった点だけ」だということです。

　ジョブズはカリグラフィーに魅了されて真剣に学んだからこそマッキントッシュの美しいフォントにつながったのです。私の場合、学生時代に頑張ったのは音楽と海外留学ですが、どちらも今の事業につながっています。海外での経験は言わずもがな、バンドのホームページを作るために学んだWebサイト構築のスキルやデザインのスキルはReluxの経営に活きています。プログラムやPHPが分かるCEOはそれほどいないのです。

アルバイトでも、ゼミでもサークルでも構いません。遊びでも飲み会でも何でもよいのです。大学のうちに「これはやり抜いた」と言えるものがあれば、必ず未来の点につながります。これは社会に出てからも同じです。一見無駄に見える業務や面倒な仕事でも、やり抜いたことは必ず将来につながります。

逆に言うと、がんばっていなければ全くつながりません。ただの時間の無駄で終わります。

選択は無意味

皆さんがこれから進む道には大きな岐路があると思います。大手企業に就職するかスタートアップに就職するか、インターンをするか、留学をするか、学生のうちも社会人になってからも、何かを選択しなければならない機会は何度もあるでしょう。

しかし、これらの選択は無意味です。どちらでも大丈夫です。暴論に思えるでしょうが、これには根拠があります。

私の同世代にはおよそ150万人います。その中には現在活躍している人もしていない人もいます。

活躍している人の内訳を見てみると、大手企業に就職した人とファーストキャリアがベンチャーの人、どちらも入っています。さらに、学生時代にインターンを死ぬほどやりきった人も海外留学をしていた人も両方入っています。飲み会ばかりしていた人でも10年後に活躍している人はいます。

選択自体は将来の成功に対する因果関係がないのです。大切なのは自らが選んだ道で努力し、「自分の選択をいかに正解にするか」ということを考え続けることです。

また、何をしてもいいのかというと、そうではありません。

「Follow Your Heart」というリクルートの創業者の言葉があります。私の大好きな言葉です。結局はハートに従って選んだ方向に進み続けることが非常に重要なのです。

インターン派とアルバイト派の声を集めて様々なデータを比較検討していると正しく選択・意思決定できているような感覚になりますが、実は全

く意味がありません。

本来はまず「これをやりたい」という主観があって、それを説明する手段として論理があるはずです。それなのに、なぜか皆論理を積み上げて自分の主観を左右しようとしてしまうのです。

心が進みたいと思う方向が正しい方向だということを是非覚えておいてください。

4　旅行には人を笑顔にする力がある

私がこれまでに聞いた中では99.9%の人が旅行をするのが好きだと答えています。1,000人に1人くらいあまり好きではないという人がいますが、大体の人が旅行好きです。旅行には人を笑顔にする力があります。

だから私は旅行業界で働く人を増やしたいし、縁があるなら一緒に働きたいとも思っています。今回の話で、Loco Partners や Relux だけに限らず旅行業界自体に興味を持っていただけたら幸いです。

質疑応答

――M&A の前後で何が変わりましたか？

KDDI には現在会員が4,000万人いるので、そこと宿泊予約サービス Relux を接続するような企画ができるようになりました。スマートパス会員向けに Relux の特別なプランを出すとか、そういったものです。

あとは資金面ですね。KDDI グループには旅行事業をやっているのがうちしかないので、本気で立ち上げようと全力で支援してくれています。その資金を使って現在経営をがんばっているところです。

ただ、サービスの見た目は変わっていませんし、社内の変化はありません。実態はスタートアップの会社のままです。

――経営に対して KDDI から注文はあるのですか？

当然のことながらあります。ただ、それまでも VC から株主として要求

はもらっていたので、それがKDDIに一本化されたという形です。

　CEOは究極の中間管理職です。100％オーナーで自由に経営をしている人以外は皆そうです。社外の株主からモニタリングされたりオーダーを受けたりします。我々の場合はその相手がKDDIだというだけの話です。他の会社と同じだと思います。

――会社を売却すると決めたのはなぜですか？

　一般的にスタートアップのイグジットはIPOかM&Aか、どちらかを選ぶことになると思います。

　時価総額ランキングTOP10に入る大企業の後ろ盾をフル活用して宿泊予約サービスReluxを経営するか、自分の資本でIPOをして後ろ盾もなくそこそこの資金で戦っていくか、どちらが社会を変革できるのかを考えました。

　当時KDDIの副社長で現在社長の高橋さんから「KDDIグループには旅行事業がないから、絶対に旅行で日本ナンバーワンを取ってくれ」と言われ、そちらの方がわくわくすると思ったのが意思決定の一番大きなポイントです。先程の選択無意味の話と同様にM&AとIPOどちらも成功事例があるのはわかっていたので、自分の心に従うことにしました。

講演要約

ポイント 眼の前のことを本気でがんばり続ける。ハートに従い、選んだ方向に進み続ける。

一流ホテル・旅館の宿泊予約サービス Relux（リラックス）が目指す、100％カスタマーオリエンテッドなサービスとは

これまでの旅行サービスはクライアントオリエンテッド（＝宿泊施設側優先）

↓

宿泊施設側の「パンフレットの1ページめに掲載してほしい」「検索順で上に出してほしい」という要望に対し、広告費を受け取って PR を行う

↓

旅行者の「いい宿泊施設を探している」という相談に対し、紹介されるのは広告費を多く支払った宿泊施設

↓

「思っていたのと違う」という残念な体験を増やす結果に

宿泊予約サービス Relux は満足度の高い宿泊施設だけを厳選して紹介することでこの課題を解決。大事な旅行の際に使ってほしい、100％カスタマーオリエンテッドなサービスを目指している。

Relux を立ち上げた篠塚氏が大学生に伝えたい、生き方のポイント3（＋1）

◆学びメモを作ろう

活躍している人と活躍できていない人を比べた場合、活躍している側の人を見るとほぼ確実にメモを取りまくっている。形式はどのようなものでも構わないので、学んだことや感じたことを保存しておく場所を作って、そこに記録する習慣を持つとよい。

◆夢はなくても大丈夫

自分が成長することで夢を持てるようになることもあるので、焦る必要はない。それよりも目の前のことを本気でがんばり続けて成果を出し、自分を成長させることが大切。自分の成長に伴い、夢も成長する。

◆「点と点をつなぐ」の続き

スティーブ・ジョブズの「点と点のつながりを予測することはできない。（中略）だから、どこかで必ずつながると信じなくてはいけない」という言葉を曲解して、むやみに職を変えたり、異動をし続ける人がいる。しかし、未来につながるのはがんばった点だけである。努力をせずに色々なことに手を出しても時間の無駄に終わる。

◆選択は無意味

どんな選択をしたとしても、その後活躍できている人はいる。選択自体は将来の成功に対する因果関係がない。進む方向を決める際は自分のハートに従うのが重要。論理で自分の主観を左右するのではなく、自分の主観を補強するために論理を使うべき。

3 クリエイター型の起業家がコミュニティサービスを作る上での課題

文原明臣（ふみはら・あきのり）
1985年生まれ、兵庫県神戸市出身。学生時代に独学で歌を学ぶ。卒業後はプロのレースカードライバーとしてF1レーサーを目指すが、ハイチ大地震をきっかけに起業の道へ進むことを決意する。株式会社nana music代表取締役社長 CEO。

株式会社nana music
2013年4月設立。スマートフォンひとつで誰でも簡単に歌声や楽器演奏を録音・投稿できる音楽サービス『nana』の開発、運営を行う。2017年1月にM&AによりDMM.comの子会社となる。nanaのダウンロード数は世界累計700万以上、毎月6万曲が投稿されている。（2018年12月現在）

皆さんは「We are the world」という楽曲をご存知でしょうか？

「音楽は世界をつなぐ」というコンセプトで、私が学生時代からすごく好きな楽曲です。nanaというサービスの始まりにはこの楽曲が深く関係しています。

メインの話に入る前に、nanaの成り立ちについてお話しさせていただきます。

1　スマートフォンで世界をつなぐ

「We are the world」は元々アフリカの飢餓救済のために作られた楽曲です。2010年のハイチ地震の際にリメイクされ、さらに「YouTube Edition」として世界の様々な国のアマチュアシンガー57人が歌った動画も投稿されました。

私はこれを見て、「これこそインターネットの力だ」と非常にワクワクしました。しかしその半面、「これでもまだ音楽で世界をつなぐことができたとはいえない」という思いもありました。

1985年のリリース時のプロジェクト名が「USA for AFRICA」だったことからもわかる通り、アメリカで始まったプロジェクトです。世界をつ

なぐとは言っても All American なわけです。YouTube Edition には様々な国の人が参加していますが、それでも数カ国程度です。もっと世界中をつなぐことはできないのだろうかと考えました。

　その頃私はちょうど iPhone3GS を購入したばかりでした。曲の主旋律を歌ってボイスメモで録音し、それを聞きながら自分にハモるという一人遊びをしていました。遊んでいるうちに気付いたのが、録音した主旋律をクラウド上にアップし、知らない誰かがそれにハモりを重ねることができたら面白いのではないかということです。歌だけなく、楽器の音源を重ねることができればバンドのセッションもできます。

　スマートフォンをマイクにして音楽を吹き込めば、地球の裏側の人とも一緒に歌い合うことができます。音楽で世界をつなぐことができるのです。

　このアイディアを実際に行動に移したのは、2011年のゴールデンウィークのことです。当時私は大阪の Web 交流会に参加しており、「こういうサービスがやりたい」という話をすると有名な IT 系メディアのライターさんが「すごく面白そうなのでぜひもっと話を聞きたい」と言ってくださりました。その方は東京から大阪の勉強会へ参加していたので、私は「すぐに東京に行きますので続きを話させてください」と答えました。

　東京ではそのライターさんと話をする以外にも、Twitter でつながっている Web 系・IT 系の方々と実際に会おうとも思っていたので、1週間滞在しました。その中で思いがけない出会いをすることになります。

　泊めてもらった友人の家のお風呂が壊れていたので「近くに銭湯ないかな」と Twitter でつぶやいたところ、「ググれよ」というリプライがありました。相手のプロフィールを見ると「エンジニア」と書いてあったので、「私は今こういうことをしたくて東京に来ています。もしよければ一度話を聞いてくれませんか」と返事をしたところ、「いいですよ」と返事があったので会うことになりました。

　こうして渋谷のカフェで7時間くらい話をして「よくわからないけど面白いから手伝うよ」と言ってくれたのが創業当時の CTO です。

　協力してくれるエンジニアを得て、nana のプロジェクトは動き出しました。デザイナーが加わり、iOS のエンジニアが加わり、チームができて

きました。2011年末には孫泰蔵氏のファンドから500万円の出資も決まりました。

私はその頃まだ神戸と東京を往復していましたが、出資が決まったことを期にnanaにフルコミットすることを決め、東京へ出てきました。

2 自転車操業の時期を乗り越える

実際にサービスを作る中では様々な問題が起こりました。

例えば、iOSの開発を外部へ委託していたのですが、ソースコードが1行も書かれていなかったこともありました。2012年3月にリリース予定で、判明したのが2月です。それまでも進捗の話はしていたし、信用して任せていた相手でした。ディレクションの経験がなかった私にとって、手痛い経験になりました。

結局予定を延期して2012年8月にnanaのサービスをリリースしました。本当はもっと作り込みたかったのですが、このままではリリース前に調達したシードマネーを使い切ってしまうため、出さざるを得なかったというのが実際のところです。

メディアに取り上げていただいたおかげで、リリース当初のデイリーダウンロード数は4,000程度ありました。しかし、2,000、700、200、100とどんどん減っていき、10〜50の間を低空飛行するようになりました。

色々なVCと次の資金調達の話をしても「もう少し様子を見させてほしい」と躱され、ここから2013年11月まで自転車操業の日々が続きます。口座残高が2万円になったこともありました。今振り返ってみるとよく乗り越えられたと思います。

資金面での状況は芳しくなく、自転車操業が続きました。毎月「来月のお金どうしよう」と考えていましたし、クレジットカードも4枚あったうちの3枚が死にました。VCや個人の投資家と引き続き資金の話はさせていただいていましたが、ほぼまとまりかけた話が振込の1週間前にはしごを外されたこともありました。そういう経験を乗り越えつつ、とにかく当たってみるしかありませんでした。もう何人に話をしたかも覚えていません。

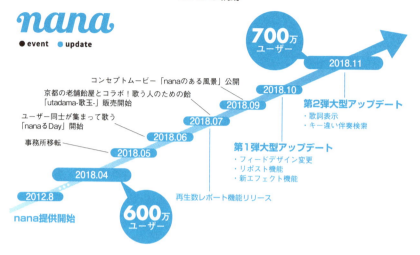

その中で、投資をしてくださる方に巡り会えたのは本当に偶然です。先輩の起業家から紹介していただいた投資家の方にプレゼンをしたところ、音楽系の会社の社長を紹介してもらえることになりました。紹介していただいた社長にプレゼンをしたところ、すんなり通って5,000万の資金調達が決まりました。

この頃には創業メンバー4人のうち2人が辞めて1人も幽霊部員状態になっていました。しかし、この資金調達でまたエンジニアを雇うことができ、フラットデザインへの対応、AppStoreの紹介の最適化や多言語対応によって、サービスもどんどん伸び始めました。ようやく自転車操業を脱出することができたのです。

3 M&Aはさらに成長するためのステップ

このような経緯を経て、株式会社nana musicは2017年1月にDMM.comとM&Aをしたという形になります。少し裏話をさせていただきましょう。

DMMの社長の片桐[1]は元々pixivというイラスト投稿サイトの代表を

していました。実は片桐がDMMの社長に就任する前から、pixivで一緒にやらないかという話はもらっていたのです。音楽に詳しい友人がFacebookにnanaで投稿しているのを見て興味を持ってくれたそうです。

しかし、nanaはグローバルで展開していきたいと考えていたので、かなりお金がかかります。pixivの体力では正直難しいのではないかと考えていました。

そんな中で2016年12月、片桐に呼び出されて「実はDMMの社長になるんだ」という話をされました。DMMならばnanaを支えることができるし、一緒にやりたいと言ってもらえたのです。話をする中で彼らの根本的な価値観や性格が合っていることを確認できたので、一緒にやっていくことを決めました。

非常に迷いましたが、やはり一番に優先したのはここから先nanaを成長させていくことです。そのためにどうするのが最善かを自分なりに考えて判断した結果がM&Aでした。

VCさん達からするとこれはイグジットかもしれませんが、我々にとってはここから先さらに成長するための資金および機会を得るステップだという認識です。

4 今だからこそ思う反省点

最後に、今だから思う「もっとこうしておけばよかった」「次にゼロからプロダクトを作るならばここに気をつける」という3点のポイントをお話しします。

その前にまず前提としてお伝えしておきたいのが、この話はクリエイター型の起業家で且つコミュニティサービスを作りたいというパターンにマッチする話だということです。私自身がこのタイプです。

クリエイター型起業家というのは「これを作りたい」「こういう世界を作りたい」という思いのために起業する人のことです。ビジョナリーと

---

1) 2019年1月末にて代表を退任。

言ってもいいかもしれません。作りたいもののビジョンがあり、それを実現するためにお金が必要なので資金調達をするという優先順位です。

　対となるのがビジネス型です。ビジネス型は「時価総額〇〇億円を目指す」「売上△△億を目指す」という目的で起業をする人です。お金を稼ぐためにプロダクトが必要となるので、クリエイター型とは優先度が逆になります。

　この２つはどちらがいい・悪いという話ではありません。ただし、自分がどちらの性質かを理解しようとする必要があります。

反省点１「チーム作りにもっと集中すべきであった」

　クリエイター型の人間はプロダクトにしか興味がない傾向があります。人にあまり興味がないのです。私がそうです。そのため、組織作りやチーム作りに意識が向かない傾向にあります。

　だからこそ０から１を作り出せるという面もあるのですが、それはそれとして起業には組織運営やビジネスのスキルも必要になります。自分がクリエイター型であると自覚しているのならば、自分にはできないと割り切って組織づくりやビジネスが得意な人間をチームに入れるべきです。できればパートナーとして創業メンバーから入ってもらい、共同創業者として２名でスタートした方がいいと思います。

　いいチームがあって初めていいプロダクトを作ることができるのです。

　ただし、チームメンバーは同じ視座と同じ熱量でないと絶対にどこかでぶつかることになるので、スキルさえあれば誰でもよいというわけではありません。一緒にやっていける人間を見つけるのは非常に難しいです。

　例えば学校が同じだとか、昔からの友人だとか、一度社会人を経た上での起業ならば当時の同僚とか、ある程度以前から知っていて信頼できる人間の方がよいと思います。起業目的で見つけてきた人をパートナーにすると、殆どの場合どこかでぶつかって袂を分かつことになります。

反省点２「KPI[2]は深さだけに集中するべきだった」

　スタートアップはとにかくスケールが第一で、それを測るための指標も

売上や投稿アクティブユーザー数、滞在時間などを数字に置きがちです。しかし本来 KPI というのは、アクティブユーザー数が増えるためには何をすればよいのかを知るための、より細分化された数字であるはずです。いま振り返ると当たり前の話なんですが。

例えば nana の場合、曲を投稿したら如何に早く褒めてもらえるか、このスピードが早ければ早いほどユーザーは滞在しやすくなるという仮説があります。これはおそらく他の C to C サービスも同じだと思っています。フリマアプリであれば出品してからいかに短時間で売れるかが非常に重要になってきます。

これは「熱量」とも定義できるもので、KPI はその深さを体現する数字に設定しなくてはいけません。

コミュニティ系は特に芯の部分の熱量が重要です。コミュニティ系のサービスをゼロから作る場合、まずは100人のファンを作るべきというのが私の持論です。自ら口説いてでもまずは100人のファンを集めます。

ファンでもアンバサダーでも呼び方は何でもよいのですが、理念や哲学に共感してくれて自ら動いてくれる人達です。この中心の熱量が高まれば高まる程、熱はより外にまで広がっていきます。

反省点3 「初期からマネタイズ[3]してもよかった」

これは自分の中での大きな反省点です。コミュニティ系サービスを作るには時間がかかります。

例えばいまだと VR やディープラーニング[4]の分野のように技術的にどんどん先を追うことが結果としてビジネスに繋がるものは、優秀な人達を集めやすいでしょう。また、たとえばメルカリのように誰にでも使える、誰にでも価値がわかるものであれば、チームに入ってきた人がプロダクト

---

2) key performance indicator の略で、企業目標の達成度を評価するための主要業績評価指標のことをいう。(出典:コトバンク)
3) ネット上の無料サービスから収益をあげる方法のこと。収益事業化。もともとは金属から貨幣を鋳造するという意味で使われていたが、2007年頃から IT 用語として使用されるようになった。(出典:コトバンク)
4) 十分なデータ量があれば、人間の力なしに機械が自動的にデータから特徴を抽出してくれるディープニューラルネットワーク(DNN)を用いた学習のこと。

の価値を当然理解しています。

ところがコミュニティサービスは、最新の技術を使えばビジネスに繋がるというわけではありません。コミュニティの価値や面白さが万人にわかるわけでもありません。歌や演奏が好きな人でなければnanaの面白さはわからないでしょう。

価値がニッチであり、かつ技術先行を打ち出しづらいため、そもそもチーム作りの難易度が高いのです。

加えて前述の通り熱量が大事なので、広告を使ってライトなユーザーをたくさん集めてもすぐにスケールにはつながりません。とにかく時間がかかります。それは仕方のないことですが、それならば時間がかかることを前提に全てを組み立てるべきでした。

ある程度スケールして数を取ればマネタイズはなんとでもなるものですが、コミュニティではそこに至るまでに時間がかかります。それであれば、もっと初期からマネタイズを考えてもよかったのではないかと思います。

質疑応答

――M&Aをしたことで見える景色は変わりましたか？

明確に1つフェーズが上がったと思います。単純にビジネス的な面で実績を作れたので信頼を得やすくなったのもありますし、それまで資金調達が頭の7～8割を占めていたのがなくなったので組織やプロダクトに集中できる状態になったのもあります。

その上で、やはり親会社ができるということは指揮系統的には下に入る形になるので、慣れない部分もあります。まあ、起業家あるあるなんですが。

――現在DMMが何％の株式を保有しているのですか？

100％ではありません。自分自身もまだ少し持っています。本来DMMは100％でしかやらないのですが、それでは会社を自分の血肉と思えないので残してもらいました。

法的には何の意味もありません。もし彼らが株主としてナタを振るえば何でもできるという状態ではあります。自分自身のこだわりの問題ですね。もちろんそういうことをする人達ではないと信じて入っているのでそれは大丈夫だと思います。

――熱意のあるファンを集めるために行ったことを具体的に教えてください。

まずβ版という形で知り合いの歌や楽器をやっている人に声をかけて投稿してもらい、自分でも投稿しました。そしてある程度コンテンツがある状態で正式版をスタートしました。

その上で、知り合い以外で最初に入ってきてくれた人達にはほぼ全員に拍手を返しました。もちろん手動です。面白いことに、これは自動化してしまうと駄目なのです。

初期熱量を上げてみんながわいわい遊び始めてくれれば勝ちなので、とにかくそこまでは過疎感を消すために盛り上げました。コミュニティはこの時期が大変ですし、ここで多くの人がやめていきます。逆に言うとここが参入障壁になるので一度作り上げれば他の企業が安々と入ってくることはできません。

自分が好きなことでないとそこまでできないので、コミュニティサービスを作るならば自分の好きな領域でやるのがよいと思います。

講演要約

 M&Aでフェーズを上げ、組織やプロダクトに集中する。

スマートフォンひとつで誰でも簡単に歌声や楽器演奏を録音・投稿できる音楽サービスnanaを立ち上げ、2017年1月にDMM.comとM&Aをした文原氏が今だから思う、「もっとこうしておけばよかった」3つの反省点。

反省点1：チーム作りにもっと集中すべきだった

「これを作りたい」「こういう世界を作りたい」という思いのために起業するクリエイター型起業家は組織やチームに意識が向かない傾向にある。自分のできないことを補うため、組織の運営やビジネスが得意な人間をチームに入れる必要がある。できれば共同創業者として2人で起業するとよい。

反省点2：KPIは深さだけに集中するべきだった

KPIは単純なスケールの指標ではなく、アクティブユーザー数を増やすためには何をしたらよいのかを知るための細分化された数字であるはず。売上高や滞在時間、アクティブユーザー数を数字に置きがちだが、コミュニティ作りにおいてはユーザーの熱量を測ることができる、もっと細かい指標が重要となる。

反省点3：初期からマネタイズしてもよかった

コミュニティサービスはただ最新の技術を追えばよいわけではなく、万人がそのコミュニティのカルチャーにフィットするわけではないのでチーム作りの難易度が高い。加えてライトユーザーを集めても熱量が上がらないため、スケールするまでに時間がかかる。時間がかかることを前提として、もっと初期のうちからマネタイズを考えてもよかったと思っている。

第4章 まとめ

M&Aをイグジットと見るか、資本業務提携と見るか

　スタートアップのイグジット（＝出口）はM&A又はIPOと言われる。それは投資家からしたら100％真実であろうし、ロックアップ[5]期間後に退職を前提としてM&Aをする一部の起業家にとっても真実であろう。

　ただ、今回ご登場いただいた3社に関してはM&Aをイグジットと表現するのは違和感がある。各社ともM&Aは社史に残る出来事であっただろう。3社とも良い影響の方が圧倒的に大きかったとおっしゃっているが、株主が一本化されたり、大企業グループに入ることで功罪両面で経営における影響はあったと考えられる。

　が、イグジットというべき何らかの離脱を伴うものではない、むしろ事業を積極的に拡大する上での1つの選択という見方の方が正しいだろう。

　Loco Partners社はKDDIの顧客基盤、nana music社・フライヤー社は主に親会社の資金力を活かすことが一番の目的となっているように感じた。3社ともスケールメリットの大きな業態なので、資金力の強いグループに入ることにメリットが大きかったものと想像される。これらは各社の事業開発上の課題を解決するためのM&Aであって、投資家や創業者がリターンを得るためではない。

　こういったM&Aはむしろ資本業務提携の一形態として見て、別の名前をつけたほうがいいのではないか。既存の枠組みを使うとしても今までにない目的で実施されるものであれば新しい経営手法として新しい名前が

---

5) 企業のM&Aをした後、キーマン（主にCEO）がその企業を退職できないよう取り決められた期間。

あるべきではないかと思う。

M&Aの成否は企業文化・システムの統合が鍵

　PMI（Post Merger Integration）という業務がある。M&A成立後の買収企業・被買収企業の統合業務のことだ。一般にM&Aの成功確率は30％程度と言われている。あらゆる意思決定同様、M&Aも成功することを見込んで行う。数十億の資金の移動を伴うことも多いM&Aであればなおさら丁寧に取り組む。大抵のM&Aで見込まれているシナジーが当初の想定どおりに効果を発揮することを目的にPMIは実施される。予算も人員も期間も相当程度かけられることが多い。にもかかわらず、約7割のM&Aは失敗とみなされる結果に終わっている。原因は様々あるが、企業文化・システムの統合がうまくいかないケースが多い。特に企業文化は人心の問題であるので、コントロールが難しい。シナジーがあるということは互いに苦手な領域を得意としているということでもある。取り組んでいる業界や業務領域が異なればそれぞれの成功パターンや重要とすべき価値観も異なっている。いずれかを「正」、いずれかを「反」とすれば「反」とされた方の反発が強まり上手くいかないのは自明である。だからこそ、企業文化の統合は反発を起こしやすい。成功例と言われているM&Aでも実態を知るとここで困難が発生しており、少数の幹部メンバーがなんとかつなぎとめているというケースもよく聞く。異なる成功体験に支えられた異なる企業文化を統合するには、それまでよりも上位次元での戦略・文化醸成が必要になる。同じイグジットであってもM&AにはIPOとはまた違った困難が伴うということであろう。

M&Aによるイグジットの今後

　企業買収は景気の変動も大きく受けるため、一概には言えないが、大企業での新規事業ニーズが今後高まっていくことはあっても縮小する気配がない。大企業自身での新規事業開発が奏功しているケースが少ないことを

考えると、今後も M&A によるイグジットは増えていくものと思われる。現在は買収側のプレイヤーは KDDI 含めいくつかの有名企業が中心だが、他の大手企業一般にも広がっていくだろう。

　ただし、日本はアメリカと違い IPO 基準が緩いため、アメリカのように最初から M&A 目的で、1〜2 年で M&A を実現する企業が多数出現するというような状態にはならないと考える。今後のマーケット動向に注目したい。

第5章
IPOに成功したスタートアップ

投資時期と上場時期に乖離があるため、一概に言うことはできないが、VCから出資を受けることに成功したスタートアップのうち、実際にIPOに成功するのは5～10%程度と言われる。VCからの出資を希望しながら受けられない多数のスタートアップもあることを考えれば、スタートアップがIPOに成功する確率は極めて低いと言わざるを得ない。
　第五章ではそのような環境にもかかわらずIPOに成功した起業家にご登場いただく。今回ご登場いただくのは、
- 2005年にセントレックス市場に上場成功したSNSマーケティング支援事業やシェアリングエコノミー事業投資を行う株式会社ガイアックス代表執行役社長（兼取締役）上田 祐司氏
- 2016年にマザーズ上場、2018年に東証一部鞍替えを実現した新規事業開発自体を事業とする株式会社チェンジ代表取締役 福留 大士氏
- 2018年にマザーズ上場を果たしたWEBマーケティング事業を始め多数の事業を営む株式会社ライトアップ代表取締役社長 白石 崇氏
- 2018年4月にブティックス株式会社取締役として、同年5月にラクスル株式会社Founderとして2ヶ月連続マザーズ上場を経験した連続起業家、株式会社守屋実事務所代表取締役 守屋 実氏

の4氏である。
　いずれも上場という極めて困難な取り組みを成功させているが、その道のりは必ずしも順調とはいえず、多くの課題を克服してその地位を獲得されている。どのような困難に直面し、克服してきたのかの一端を伺うことができた。4者の経験からIPOにたどり着くまでの課題と解決を考えていきたい。

10 新規事業を立ち上げ続ける起業家に学ぶ新規事業の成功条件

福留大士（ふくどめ・ひろし）
株式会社チェンジ代表取締役兼執行役員社長。1976年生まれ。1994年アンダーセンコンサルティング（現　アクセンチュア）入社。2001年に独立し、03年に株式会社チェンジを設立する。経営計画立案、海外法人設立、BPR[1]等のプロジェクト経験が豊富。

株式会社チェンジ
2003年4月設立。AI、音声インターネット、モビリティ、IoTビッグデータ[2]、クラウド、セキュリティなどの各種アルゴリズム群のライブラリ及び基盤テクノロジーを活用したサービス及びIT人材育成の研修を行う。2016年9月、東証マザーズに上場。

今回のテーマは「新規事業の成功条件」ということで、私が15年会社を経営してきて感じたことをお話ししたいと思います。学術的な裏付けがある／エビデンスがあるという類のものではなく、あくまで私の主観です。

1　日本や世界を変えるために会社を設立

私は1994年に大学に入学して、98年に卒業しました。98年から2003年まで約5年ほどサラリーマンとしてビジネスの基礎を固め、その後2003年に会社を立ち上げて起業家デビューをすることになります。それが株式会社チェンジという会社です。

社名には「Change Japan」、日本を変えたいという意味が込められています。日本の色々な社会課題を解決するために立ち上げた会社です。

会社を立ち上げた当初は、企業再生を主に行っていました。当時はつぶ

---

1) ビジネス・プロセスを見直し抜本的に設計しなおすこと。社内の業務プロセスを改善するという意味にとどまらず、顧客（市場）を中心としたビジネスのプロセスが最適になるように社内のムダや不合理を省き、しくみを改めること。主に、コスト削減とスピードアップが鍵となる。（出典：コトバンク）
2) IoTとは電子デバイスに限らない、あらゆるモノがネットワークでつながることをいう。結果として我々の生活の大部分がデータ化され、それらの情報（ビッグデータ）を産業が利用することにより、より効率的かつ斬新な産業構造の登場が期待できる。

```
┌─────────────────────────────────────────────────────┐
│            これまで挑戦してきた新規事業              │
│                                                     │
│  ・中国人向けインバウンド事業   ・スマートデバイス関連事業      │
│  ・SNS 関連事業                ・AR/VR 関連事業              │
│  ・共同購買システム事業         ・AI 人材・データサイエンティスト育成事業  │
│  ・人事業務の BPO 事業          ・AI 人材・データサイエンティスト派遣・紹介事業 │
│  ・新領域保険サービス事業       ・海外 SaaS 製品の日本市場展開事業    │
│  ・外食産業のビジネスモデル移管@インド  ・AI スピーカー関連事業 │
│  ・外食産業のビジネスモデル移管@東南アジア ・ロボットによる自動化支援事業│
│  ・バリ島バス事業              ・セキュリティポリシー策定支援事業  │
│  ・旅行代理店事業@タイ・シンガポール ・IoT・スマートシティ関連事業 │
│  ・インド人技術者による新サービス立ち上げ ・自動運転車セキュリティ監査事業│
│            ：                            ：          │
│            ：                            ：          │
│       1 勝 9 敗（打率 1 割）は実感値としても正しい      │
└─────────────────────────────────────────────────────┘
```

れかけた会社がとても多かったのです。産業再生機構という政府機関が立ち上がり、日経平均も8,000円を切るくらいのものすごい不況の時期でした。

　企業再生を行う中で気がついたのは、つぶれそうな会社には共通点があるということです。人が生き生きと働いていない、あるいは人が育っていない会社は上手くいきません。そこで、人材教育のビジネスも始めました。

　教育事業の利益をもとにインドや東南アジアでビジネスを行うようになります。特にインドではたくさんの新規事業を立ち上げました。しかし、インドでのビジネスは全て2013年には畳んでいます。インド系ビジネスだけで5億円くらいは損をしました。ドブに捨てたということです。

　上手くいくものもある反面、上手くいかない新規事業もたくさん経験してきました。その中で見えてきた、新規事業の失敗要因および成功条件についてお話しします。

> **数々の失敗からの学び**
>
> **失敗するときに共通する5つの"ない"**
>
> ・目標がない→やりたいこと・実現したいことが弱い
>
> ・知見がない→大してよくわかっていない市場での勝負
>
> ・運がない→外部環境の向かい風・タイミングの悪さ
>
> ・根気がない→あともう少し粘っていればという話
>
> ・独自性がない→周りを見渡したら競合だらけ

2 新規事業の成功確率は1割以下

　新規事業が成功する確率はどのくらいかご存知でしょうか。スタートアップ、いわゆるベンチャー企業の生存率は最初の1年で40％、以降は5年で15〜20％、10年で5.6％、20年で0.3％と言われています。実は創業してから1年で6割がやめてしまうのです。

　起業してもしばらくはお金が全然入ってこなかったり資金調達がうまくいかなかったりするのはよくあることです。そうして食うに食えない状態になった場合、どこかの企業に勤めていたほうが安全だという思考になるのは理解できます。

　一方、ベンチャー企業だけではなく既存の大企業も新規事業を行うことがあります。アビームコンサルティングが約750社を対象に行ったアンケートでは、新規事業の企画のうち実際に営業開始までこぎつけるのが55％、収支が合い黒字化するのが25％、累損を回収できるのが9％、会社のコア事業に育っていくのが7％とのことです。これはベンチャー企業の10年生存率と似ています。ベンチャー企業であれ大企業であれ、新規事業が成功する確率はこんなものだということをまずは頭に留めておいてください。

　ユニクロの創業者である柳井氏は「一勝九敗」とよく言っていました。

10個事業を立ち上げたら、1つ勝ってあとの9つは負ける、打率1割である、ということです。私の感覚でもそのくらいだと思います。

①新規事業の失敗要因1：目標がない

　自分が失敗してみて、また、他人の失敗をたくさん見てきて思ったのは、新規事業が失敗する時にはいくつかのパターンがあるということです。

　まず第一に、「目標がない」。言い換えれば、「ビジョンがない」ということです。

　ほとんどの成功している起業家はビジョンがしっかりしており、「これは絶対に世の中に出すぞ」という思いを非常に強く持っています。逆に、目標やビジョンを持たずに「こういうことをやると儲かるだろうな」という考えだけで始めたビジネスでは大抵痛い目に遭います。

　以前、インド人のエンジニアを日本へ招致し、アメリカで流行っているITサービスをいち早く日本で売るというビジネスをしていたことがあります。当時私は別の仕事でインドへ行く機会が頻繁にあったため、その時間を使ってインド人のエンジニアを面接・採用することが可能だという理由で始めたビジネスです。

　このビジネスは最初の月からすぐに儲かり始めましたが、2011年の東日本大震災で崩壊します。日本へ来ているエンジニアを心配する親兄弟からの電話への対応に追われ、結局震災の翌週水曜日には全員をインドに帰すことになりました。彼らを引き止めることができるだけの目標やビジョンがなかったのです。その後、彼らが抜けた穴を埋めるには1年くらいかかりました。

②新規事業の失敗要因2：知見がない

　やりたいという思いは強くても、そのビジネスのことをよくわかっていないと失敗するケースが大半です。

　例えば、飲食店を始めようと思い立ったら、多くの人がまず賃貸物件を探して借りると思います。私がインドで居酒屋を始めた時もそうでした。しかし、これは日本人の考え方です。

新興国では不動産の価値がどんどん上がっているので、家賃が3ヶ月ごとに値上がりすることもあります。居酒屋の利益がようやく上がり始めた頃になって「あなたの店は儲かっているようだから来月から家賃を15％アップします」とディベロッパーから言われたこともありました。

　新興国で飲食店を始めるならば、まず最初にビルを買うべきだったのです。私は知見がなかったのでこれに気付けませんでした。もし私が今からどこかの新興国で飲食ビジネスを始めるならば、ビルを丸ごと買ってその1階で自分の飲食店を経営し、それ以外は賃貸に出して利益を得るでしょう。

③新規事業の失敗要因3：タイミングが悪い

　新規事業が成功するか失敗するかは、運次第というところもあります。運というのは、外部環境がどうであるかということです。外部環境が追い風であるか向かい風であるか、要はタイミングです。

　外部環境を把握してタイミングを見極められれば運がよくなりますし、ここを間違ってしまうと「ついてない」ということになってしまいます。

　私は2011年頃に中国人向けのインバウンド事業を行っていました。中国に拠点も作り、かなり本格的に投資していたのですが上手くいきませんでした。ちょうど尖閣諸島をめぐる問題で日中関係が悪化しており、中国人観光客が激減した時期だったのです。

　もしきちんと外部環境を見極めて適切なタイミングで立ち上げていれば、今頃中国人向けの観光・インバウンドサービスで国内シェアナンバーワンを取れていたのではないかと思います。

④新規事業の失敗要因4：根気がない

　ものごとというのは、上手くいくまでやり続ければ結構な割合で成功するものです。起業家や新規事業を成功させている人のほとんどは、粘り強く根性のある人です。

　途中であっさり諦めてしまうと、あとで後悔することになります。

⑤ 新規事業の失敗要因5：独自性がない

　色々な会社が同じようなことをやっていて、周りを見回せば競合だらけ。独自性がないと当然新規事業が成功する確率は低くなります。

　以上が私の経験から分類した失敗するパターンです。失敗パターンについてお話ししたので、次は新規事業が成功する条件をお話ししていきます。

① 新規事業の成功条件1：顧客を創造できる

　サービスや商品が作れなくて失敗した新規事業というのはほとんどありません。例えば皆さんがスマートフォンアプリやWebサービスを作って事業を始めようとした場合、時間と資金があって作れる人がいれば必ず作ることができます。

　それではどういう時に事業が失敗するのかというと、顧客を創造できない場合です。顧客が増えないと事業は失敗します。逆に言えば、顧客を創ることができれば事業は上手くいきます。生き延びることができるベンチャーは大抵営業が強いです。

　リクルート出身の元営業マンなどがベンチャーを長く続けることができるのはそのためです。顧客を創造できるか、創造できるパワーがあるかというビジネスの根本が、成功のための条件となります。

② 新規事業の成功条件2：世の中をどう変えたいかを考え抜く

　新規事業を作る際には、「誰のどんな課題を解決してどんな変化を世の中に起こしたいか」ということを必ず考えなくてはいけません。そうでなければ新規事業は成功しません。この課題が重ければ重いほど、大きければ大きいほど、ビジネスのインパクトは大きくなり、より儲かるビジネスになります。

　誰がどんなことに困っているのかを常に考え、広くアンテナを張るのが新規事業を立ち上げる際のポイントです。

③新規事業の成功条件3：強いチームを作る

　一人でやるのはビジネスではありません。ビジョンに共感してくれてやる気と能力にあふれたチームがいて初めてビジネスの成功があります。そのビジネスの分野に詳しい人やビジネスに必要な技術を持った人、それぞれの強みを持ち寄ってビジョンを共有する強いチームを作ってビジネスを展開していくのが、上手くいくための条件です。

　逆に、チームメンバーが同じ方向を向いていなかったり、やる気とスキルに欠けていたりすると、当然ながらビジネスは上手くいきません。

④新規事業の成功条件4：外部環境にマッチさせる

　成功する新規事業は、外部環境にマッチしたものでなくてはなりません。市場調査のフレームワークであるPEST分析では、外部環境要因を「政治的要因（political factors）」「経済的要因（economic factors）」「社会的要因（social factors）」「技術的要因（technological factors）」の4つに分類しています。

　例えば皆さんがAirbnbのような民泊のビジネスを立ち上げようと考えたとします。すると、現在の日本では法律の規制が立ちはだかるでしょう。当然日本でビジネスをするならば日本のルールに従わなくてはならないので、現在の法律、つまり政治的環境要因に沿ったものにしなくてはなりません。

　経済的環境要因は、景気の状況や為替の変動など、ビジネスを行う上での経済環境です。社会的環境要因は人口の推移や年齢層別ピラミッドの変化、技術的環境要因はテクノロジーの進化です。

　携帯電話向けのコンテンツサービスを提供していた会社がスマートフォンに対応できずに敗れていった例がたくさんあります。これは技術的環境要因に適応できなかったと言えます。

　失敗要因の項でもお話ししましたが、外部環境を味方につけて追い風が吹いている状態にできるかどうかが、成功できるか否かの差です。

⑤新規事業の成功条件5：リーダーシップを持つ

　新規事業が初めから上手くいくケースはほとんどありません。逆境に接

した時に問われるのが起業家のリーダーシップです。

　道が困難でも負けない強さ、周りを巻き込んでチームをやる気にさせる手腕など、リーダーの役割は非常に重要です。

　以上が新規事業の失敗要因と成功条件です。

　最後に、これから皆さんが新規事業を立ち上げ、ビジネスを人生の一部にしていく上で是非考えてほしいことがあります。それは「自分の生きがいは何であるか」ということです。

　ものごとには「好きなこと」「得意なこと」「社会に求められていること」という3つの側面があります。これらが全て重なり合ったところがその人の「生きがい」です。これは生きがいフレームワークとしてよく知られています。

　是非、大学生のうちから自分の生きがいは何なのかということを考えてみていただきたい。好きなことや得意なことを磨き、どのようなことが社会に求められているのかアンテナを張っていきましょう。

質疑応答

——根気強く事業を続けるか、諦めるかのボーダーラインはどこに引いていますか？

　ユーザーや顧客が増えているかどうか、粗利が出ているかどうかを見て判断します。粗利が出ている限りは顧客が増えれば増えるほど粗利は増えていきます。顧客を獲得するための営業費用や広告宣伝費はコントロールできるので、粗利が増えているのであれば諦めずに粘るところです。

　逆に粗利が出なかったり粗利が少なくなってきているならば、今までのビジネスモデルを一変させて一発逆転できるような余程のアイディアがない限りは一旦閉じた方がよいと思います。

　ただ、上記は会計や計算の話ですが、諦める／諦めないというのは精神論の部分も大きく関係します。ビジネスモデルが完成する前はとにかくどんどんお金がなくなりますし、経営者は不安を抱えます。この不安が将来へ向けた希望よりも大きくなった時、諦めてしまう経営者は多いです。

どれだけ不安でも、顧客や粗利のデータなど希望を持てる材料があるならば、自分にポジティブに言い聞かせられるかどうかが勝負どころだと思います。

――福留さんが新規事業を立ち上げる上で、これだけは絶対に譲れないという軸はありますか？

極めて主観的で参考になるかわかりませんが、「面白いかどうか」です。自分の好奇心を満たせるかどうかを1つの判断軸にしてやるかやらないかを決めています。

新規事業を始める前に想定したことは大体外れるものです。儲かりそうだと思ったものでも大体外れますし、簡単にできそうだと思ったことが実際やってみたら難しいということもよくあります。

ついつい事前の想定データを元に定量的に評価して判断しがちですが、直感に従って面白そうだからやった事の方が案外上手くいく場合もあります。

――安定した事業もある中で、あえて新規事業に取り組み続ける理由は何ですか？

理由は非常にシンプルで、人を育てるためです。株式会社チェンジはまだまだ小さい規模の会社で、これから日本を代表する企業になっていくためには人材を育てる必要があります。

弊社では顧客の課題解決に役立ちそうなことがあったらどんどん挑戦していくDNAを持った人材を育てたいと思っていまして、そのために1～2年目の頃からひたすら新しいことをやってもらっています。

もちろん失敗もありますが、失敗から学ぶことは非常に重要です。現代の日本の大企業は失敗をしません。挑戦をしないからです。

人は失敗から学びますし、失敗を通じて強くなります。何度も失敗をするうちに何かが成功しだし、成功しだすとさらに成長が加速します。人を育てる上で、新規事業に挑戦することは大きなプラスになると思っています。

講演要約

ポイント 成功するためには、思いを強く、ビジョンをしっかり持ち、最後の最後までがんばり抜く。

新規事業が成功する5つの条件
◆**顧客を創造できる**
　商品やサービスを作ることができても、顧客がいなければ事業は成り立たない。生き延びることができるベンチャー企業は営業が強い。

◆**世の中をどう変えたいかを考え抜く**
　新規事業を立ち上げるならば、「今あるどんな課題を解決できるか」「世の中がどう変わるか」を考え抜かねばならない。解決できる課題が大きければ大きいほど、インパクトのあるビジネスになる。

◆**強いチームを作る**
　一人でやるのはビジネスではない。必要なスキルを持った人材を集め、同じビジョンを共有する強いチームを作ることが必要。

◆**外部環境にマッチさせる**
　外部の環境を味方にし、追い風にできなければビジネスは成功しない。現在の「政治的要因」「経済的要因」「社会的要因」「技術的要因」がどのような環境になっているかを正確に把握し、それにマッチしたビジネスでなくてはならない。

◆**リーダーシップを持つ**
　初めからうまくいく新規事業はほとんどない。苦しい状況ではチームメンバーを鼓舞し、やる気を出させるリーダーシップが問われる。

新規事業が失敗する5つの要因
◆**目標がない**
　「儲かりそうだから」「自分にもできそうだから」というだけで始めたビジネスは失敗する。実現したい目標やビジョン、成し遂げたいという志が必要。

◆**知見がない**
　志だけ高くても知見がなければ新規事業を成功させることはできない。参入する市場や周囲の環境をよく知っておけば正しい意思決定ができる。失敗を重ねるうちに知見が溜まり、新規事業の成功確率は上がっていく。

◆**タイミングが悪い**
　同じ事業計画でも立ち上げるタイミング次第で成否は変わる。外部環境を味方にできるタイミングを見計らわなければいけない。

◆**根気がない**
　ほとんどの成功者は粘り強く、根性がある。上手くいくまでやり続ければ成功するものごとは多い。あっさり諦めてしまうとあとで後悔することになる。

◆**独自性がない**
　競合他社が多ければその分失敗確率は上がる。他と同じようなことをしていても失敗する。

福留氏のビジネス信条
・新規事業を立ち上げる際に重要視するのはデータよりも「面白いかどうか」。
・苦しくても、粗利が出ていて顧客が増えてきているならば粘り強くがんばるべき。
・新規事業に取り組み続けるのは人を育てるため。人は失敗から学び、失敗を乗り越えて強くなる。

2 経営者と投資家、両方の顔を持つ起業家に学ぶ

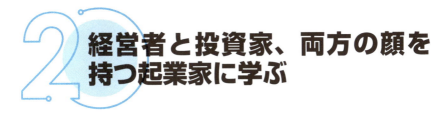

上田祐司（うえだ・ゆうじ）
1974年大阪府生まれ。大学卒業後に起業を志し、1997年ベンチャー支援を事業内容とする会社に入社。1999年、同社を退社し24歳で株式会社ガイアックスを設立する。社団法人シェアリングエコノミー協会の代表理事を務める。

株式会社ガイアックス
1999年3月創業。2005年に名証セントレックス市場へ上場。卒業生創業の企業以外にも20社以上のスタートアップ企業に出資するほか、スタートアップスタジオとして新規事業アイデアの法人化・検証を手がける。

起業とは何でしょうか？

私は「世の中の問題を解決するための手段」であると捉えています。

例えば、ある村で豪雨が起こり、大きな川ができて渡れなくなってしまったとします。皆さんならばどうするでしょうか？ 色々な考え方があると思います。

誰かが「橋を作ろう」と思い立ちました。そこで起業して橋を作るための会社「株式会社 橋」を興します。そして、橋を作るためのお金を周りの人から集めることにしました。

お金を集める際、「お金を出してくれたら後で見返り（リターン）を渡します」と約束してたくさんのお金を集めました。集めたお金で人を雇って橋を作り、リターンを出すために通行料を取ることにしました。通行料徴収のための人員を配置し、その人に給料を払いながらお金を出してくれた人へのリターンもしていく。何も変ではありませんね。

世の中の株式会社がやっているのはこれと同じことです。

「株式会社 橋」は「川を渡れるようにする」ことが目的でした。私個人、および株式会社ガイアックスはどうなのかという話をさせていただきます。

私が大学を卒業したのはインターネットが普及し始めた時期です。離れた場所にいる赤の他人とコミュニケーションができるというのは、当時の私には衝撃的でした。これがあれば世の中は格段に効率的になると思いま

した。ちょうど大学4年生になり「人の役に立つ仕事をしたい」と思いつつも何をしたらよいのかわからなかった私は、インターネットを使ってコミュニケーションを円滑にするための会社を作ることにしたのです。

赤の他人同士の脳と脳がくっつくイメージです。世界中の脳がひとつになる。地球をひとつの生命体とみなすガイア理論にちなんで「株式会社ガイア」にしようと思ったのですが、ドメインが取れなかったので「株式会社ガイアックス」にしました。

1 人を動かすための手法

事業を進めるためには資本金や人材、商品や販路など様々なものが必要です。しかし、大抵のスタートアップ企業は何も持っていません。何もない中でどう進めていくかが事業立ち上げ段階における一番の問題点となります。

何も持っていない企業のことは誰も相手にしてくれません。考えてみてください。あなたが財務のプロフェッショナルや優秀なエンジニアだとして、何も持たない会社に入りたいと思うでしょうか？または、あなたが投資家だとして、「こういう事業をしたいが今は何もありません。これから集めます。だからまずお金が必要です」と言うような会社に投資したいと思うでしょうか？

人を動かすには「乗りやすい状況」を作ってあげることが重要です。「あとはあなたが参加すれば全て回ります」という状態のほうが、人は動きやすいものです。優秀な人材をスカウトしたいならば、「お金は調達済みです。販路もあるし、提携先もあります。あとはビジネスを回す経営陣、あなただけが足りないのです」とでも言わない限り人は乗ってきません。

投資を募るときも同様です。「提携先はたくさんあります。トップクラスの人材を集めました。ただ、資金だけが足りません」という話をしない限りは誰もお金を出しません。

実際に私がどのようにして企業初期の人材と資金を集めたかを例としてご紹介します。

　まずは新卒の採用です。はじめに30人くらいの採用セミナーを5～10回開催しました。各回の中で優秀な学生をピックアップし、今度は10人くらいの二次セミナーを開催します。私も交えた食事会のようなものです。そこで学生達に自己紹介をしてもらいます。

　優秀な学生だけをピックアップしていますから、プロフィールは当然立派なものです。「東京大学です」「金融勉強会の代表をしています」「代議士とつながりがあります」等々。それを聞いた周りの学生は「こんなにすごい学生達が入りたがるなんて、ガイアックスはすごい会社なのではないか」と思うわけです。

　私の狙い通り、この10人の中から5人が入社しました。「優秀な人材がいる会社です」と言って人を集めて、実際に入社してみたら優秀な人材がいるわけですから、嘘はついていません。

　資金を集める際も同様です。30社の投資家を集め、テレビ局にも入ってもらって事業計画の説明会をしました。そして、「これだけ多くの皆様に集まっていただきましたが、残念ながら今回必要なのは4億だけなので、

出資していただけるのは2社か3社かなと思っております。もしご興味がある方がいらっしゃれば、あとは個別で打ち合わせさせてください」と説明しました。

それで結局説明会に集まった投資家の皆さんが何を見ているかというと、「有名な○○投資会社も来ているぞ」と、周りを見てささやき合っているだけなのです。

人は自分と同じカテゴリーのものはある程度評価・分析できますが、カテゴリー外のものについてはよくわからないものです。投資家同士ならば「あの投資会社はすごい」ということがわかりますが、ガイアックスがすごいかどうかは彼らにはわかりません。

学生の皆さんも同様です。就職活動で企業の分析をするのはとても難しいですが、同じ学生ならば「あいつはすごい」というのはよくわかるはずです。

だから、よくわかっている同じカテゴリーの人達をもの差しにしてあげたほうが動きやすくなります。

実際にガイアックスがすごいかどうかは1つの要素であって、重要ではありません。優秀な会社が勝つのではなく、優秀な人が集まった結果優秀な会社に「なる」ので勝つことができるのです。

2 スタートアップ企業と投資家の関係性

私が起業時に資金調達をする際、投資家には「2年で上場する」と言っていましたが、実際には5年かかりました。当然怒られました。投資家としては自分の持っている株を早く流動化[3]させてほしいのです。

未公開株は自由に売ることができないため、公開株と比べて評価が落ちます。投資家は株の利ざやを食べにきているので、未公開のままでいるよりも当然上場して評価が上がった方が儲かります。だから「俺の株を流動

3）一般に、企業がその保有する資産（例えば、売掛債権、不動産、動産など）を他の主体（例えば、信託やSPC）に譲渡し、この譲渡した資産から生じる権利を投資家に販売することで資金を調達する手法のこと。

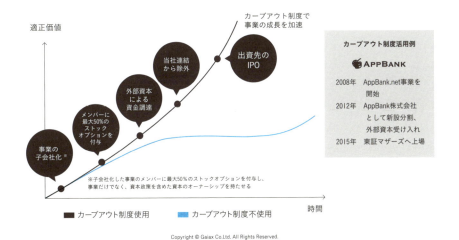

化させろ」と言うのです。

　熱心に上場を迫られていた頃の私と投資家の皆さんのエピソードを、スタートアップ企業と投資家の関係性の1つの実例として紹介します。

　私は調達した資金のうちの3億をあるベンチャーキャピタル（VC）に出してもらっていました。その筆頭VCが他のVCを取り込み、株主比率51％超を揃えて「早く流動化させろ」と迫られていた状態です。彼らは数億のお金を出しているのですから、私よりも経営に対して本気です。しかし私が無理だと言うものですから、なんと彼らは上場企業とガイアックスを合併させようと画策していました。

　ほぼ対等合併で非常にいい条件だったので私は正直合併してもいいと思っていたのですが、上場を推進していた副社長の反対もあり、断ることにしました。当然合併を画策していた株主は怒ります。「クビを切るぞ」とも言われました。

　しかし、我々経営陣もストックオプションという自社株の購入権利を持っています。これを行使して私が自社株を購入すれば私が51％を持つこ

第5章　IPOに成功したスタートアップ

とができます。「もしあなた方が合併の件を、臨時株主総会の開催を要求して議題として上程するつもりならば、私がストックオプションを行使して51％の議決権を持つ」と伝えると、彼らは「仕方ない」と引いてくれました。実際に購入するための資金があったのかというと、なかったのですが。

「必ず２年以内に上場しろよ」とその場は収まりました。これが年末くらいの話です。

話はこのままでは終わりません。半年後、５月末決算の翌日６月１日に私は呼び出されました。昨日、ストックオプションを行使したのかと聞かれ、私は「していませんが、どうかしましたか？」と答えました。

一般的に８月末にある定時株主総会では５月末の時点での持株比率によって議決権が決定されます。彼ら曰く、「残念ながら51％の議決権は我々が握っていますね」と。合併の件はあれで終わってはいなかったのです。定時株主総会に議題として挙がれば、議決権は彼らにあります。「なかなかやるな」と思いました。

しかし、我々の管理本部に非常に仕事のできる人間がいまして、結果的には、このシナリオ通りにはなりませんでした。株主総会は決算の準備さえ整えば前倒し開催が可能です。我々は準備を早めに進め、８月末ではなく８月頭に株主総会を開くことにしました。

株主提案の期限は、株主総会当日の８週間前までと定款に定めてあります。８月頭に総会が開催されるのならば、６月頭には提案をしなければなりません。

私は期日の翌日、先方に伝えました。

「実は今年の総会は８月頭なので、提案期限は昨日までだったんですよ。残念ですね」

もちろん怒られました。

それで「ふざけるな」ということで、「３ヶ月以内に２億4,000万円分の株の譲渡先を見つけて話をまとめろ。そうでなければ社長を退任するという覚書を書け」という条件を突きつけられます。しかし、私にはまとめられる自信がありました。

なぜかというと、既に著名な VC が買うと言ってくれていたからです。買うと言っていたのは1億なのであと1億4,000万集めなくてはいけませんが、先程の人の動かし方を思い出してください。リードキャピタルといって、著名な VC が買うと言っていれば周りも「あそこが買うなら大丈夫だろう」と信用して買うのです。

著名な VC がリードキャピタル[4]として入ってくれたことによる効果は思った以上にあり、始めに株の譲渡先を探せと言ってきた株主が「そんなに人気があるなら売るのをやめる」と言い出しました。念書まで書かされた私はたまったものではありませんが、最終的に先方に頭を下げられて、半分売って半分ホールドという形で決着しました。

このような話を書くと誤解されるかもしれませんが、私はこの株主さんのことが大好きです。金融マンとして、投資したお金の最大化のために適切に動いています。

経営者と株主の間には、時には衝突や対立も起こります。しかし、そういうものもうまく使いこなせてこその経営だと思います。彼らはセイムボート[5]なので、我々の最大価値のために動いています。基本的には敵ではありません。

3　株式上場するということ

ガイアックスは2005年に名証セントレックス市場へ上場しています。未公開時代は私がタッチしないと株の譲渡ができませんでしたが、上場すれば我々はノータッチで投資家同士で株の売買が行われます。だから、極端なことを言えば株価が上がろうが下がろうが直接的には会社には関係ありません。株式上場が重要なのは、新規で株を発行した際にその株がいくらで売れるかということが非常に注目を集めるしインパクトがあるからです。

4）第三者割当増資において主導的な役割を担う VC。通常 VC では最も多くの株を引き受けるほか、事業説明会の設営・社外役員への就任等も行い、会社のよき理解者として増資を成功に導くこと。
5）運用者が投資家と同じ投資対象に自身の資金を投資する行為。

ところが日本の株式市場は非常にお硬くて、なかなか上場させてくれません。特に黒字にならないと上場させてくれないのが一番腹立たしく思っています。

　例えば飲食業ならば、レストランの店舗を1億円で作ったら20年償却で毎年500万円ずつ償却します。その店舗で1,500万円の償却前の利益が出たら、500万円の償却を引いて1,000万円の黒字になります。

　ところが、ネットベンチャー[6)]は減価償却できる資産になるようなお金の使い方をしていません。広告宣伝費にお金を使います。広告宣伝費を1億かけて立ち上げたWebサービスで1,500万円の利益が出たとしても、1億を丸々経費として計上しなくてはならないのでその年は8,500万円の赤字になります。

　ネットベンチャーが黒字化しながら成長するなど、よほどの魔法を使わない限り無理なのです。競合の中で一番資金を注ぎ込んだ会社が勝つに決まっているのですから。勝つ可能性がある会社ほど上場できないというのが理解できません。

質疑応答

――組織マネジメントについての考えを聞かせてください。

　子供の頃は「野球選手になる」「大統領になる」と壮大な夢を持っていても、人は皆、寄せては引いていく波に削られていくかのごとく徐々に丸くなってしまいます。尖らせておくにはどうしたらよいのかというと、一人ひとりのパーソナリティに依存するしかありません。苦手なスタイルにさせたとしても上手くいくはずがないのです。ですから、ガイアックスでは一人ひとりの「らしさ」を追求していく方針になっています。

　パーソナリティと共に、ライフプランも大切にしています。企業がライフプランを大切にするというのはある意味デンジャラスです。その人が自分のライフプランを追求した結果、辞めてしまうこともあるからです。実

---

6) ITベンチャーは『プラットフォーム』、ネットベンチャーは『利用側』と言える。

際ガイアックスも退職者は多いです。

　ただ、それは後ろ向きの退職ではなく前向きの退職なのでよいことだと思っています。もし辞めてITベンチャーを起業するというのであれば、「待ってました」と出資しに行ってフォローもします。

―― 10年、20年先の自分のライフプランを描けない人は、どのように作ればいいでしょうか。

　まずは夢を実現したい人の話を聞くことです。周りにいる面白い人の話をどんどん聞き、日頃から夢やライフプランについて話し合うのが重要です。そういう話をしていればやはり意識するようになってきます。

　もうひとつは「自分はできる」という勘違いが必要です。難しいことをがんばるぞと思っている時点で実現は難しいのです。自然に「できる」「できるからやろうかな」と思えなくてはいけません。そういう当たり前感を持っているとしぜんと夢ができるようになります。そのための雰囲気作りが大切です。

　例えば、皆さんが夕飯に何を食べようか考える際、「今日は給料日だから美味しい寿司を食べようかな」としぜんにプランを立てることができるでしょう。しかし、小学生の頃にそんなことを考えることはできなかったはずです。自分に夕飯を寿司にする力はないことを知っているからです。

―― 勝ってからお金と人を集める手法は孫子の「勝ちて後に戦う」にも通ずるものがあるように感じました。そういう手法は、最初から気づいてやっていたのでしょうか。それとも、経営している中で学んだのでしょうか。

　1つは前職の経験からです。前職のベンチャー・リンクはかなりやんちゃで、当時4店舗しかなかったガリバーに投資して200人を送り込むような会社でした。そういう無茶な経営を見ていて、ベンチャーというのは勝ちにいかなければ負けるゲームなのだな、勝てば官軍なのだな、と学ばされました。

　もう1つのきっかけは、自分の夢や未来のビジョンを考えていくうちに

夢の大切さに改めて気づいたことです。やはり大きな夢をたくさんもった方がいいし、それが社会にとって前向きな夢ならばなおさらです。それを「実現したい」という強い思いが夢を実現させるのだな、というところに着地しました。はったりは「夢を実現するべくこう動くのだ」というビジョンでもあります。

講演要約

ポイント 社会にとって前向きな大きな夢を実現したいという強い思いを持って戦う。

人を動かすためには
- 起業直後の人、金、商品を何も持っていないスタートアップ企業が何を言っても誰も相手にしてくれない。
- 人はすべての状況をお膳立てして「あとはあなたがこの話に乗るだけです」という状況を用意しないと乗りづらい。
- 人は自分と違うカテゴリーのものはよくわからないので、学生や投資家はガイアックスがすごい会社なのか判断できない。同じカテゴリの人物が評価しているのを見ると、「あの会社はすごいのではないか」と思うようになる。
- 優秀な会社が勝つのではない。優秀な人が集まった結果優秀な会社に「なる」ので、勝つことができる。

スタートアップ企業と投資家の関係性
- 投資家は投資したお金の最大化のために動いている。
- 上田氏は投資家に「2年で上場する」と言っていたので、それを達成できなかった際に株主が上場企業と合併させようと画策したこともあった。
- 合併しないのならば株の譲渡先を探して売ってこいと言われたが、購入希望の投資家を集めすぎたために株主が「そんなに人気があるならばやはり売らない」と言い出したこともあった。
- 衝突や対立もあるが、株主との関係をうまく使いこなせてこその経営。株主は基本的に敵ではない。

株式上場について
- 株主にとって株式上場が重要なのは、持っている株が流動化して評価が上がるから。
- 経営者にとって株式上場が重要なのは、新規で株を発行した際にいくらの値がつくかのインパクトが大きいから。
- 日本の株式市場は黒字にならないと上場させてくれない。ネットベンチャーは減価償却できないものにお金を使うことが多いため、資金を投入して成長を続けているうちは上場できないという不条理な状況になっている。

ピボットを経て3回目の挑戦で上場した経営者が提唱する上場のすすめ

白石 崇（しらいし・たかし）
1973年茨城県生まれ。筑波大学大学卒業後、1997年日本電信電話株式会社に入社。SE、営業、プロバイダーぷららの企画部を歴任後、2001年株式会社サイバーエージェントに入社。同社初のコンテンツ制作部門「メルマガファクトリ」を立ち上げる。2002年に部門メンバーと共に、有限会社ライトアップ（現 株式会社）を設立。

株式会社ライトアップ
2002年4月5日設立。「全国、全ての中小企業を黒字にする」を合言葉に、全国の中小企業に対してITに特化したコンサルティングを行う。当初は株式会社サイバーエージェントのコンテンツ部門の流れを汲み、メールマガジンやWebサイトを受託制作。そこからクラウドサービスの企画・開発などの事業ピボットを経て、現在は年間2万社の中小企業に対し経営支援を実施。2018年6月にマザーズ上場。

　弊社、ライトアップは2019年で創業17年の会社です。12年くらい前から上場の準備を地道に続け、3回チャレンジをして上場できました。おそらくマザーズに上場している会社で一番上場準備期間が長いのではないでしょうか。もちろん、自慢できる話ではありませんが。

　今回は「上場のすゝめ」をテーマにしたいと思います。『学問のすゝめ』という福沢諭吉さんの本があります。それまでの封建社会の考え方から民主主義の時代になり、「知識人が日本を引っ張っていけ」ということが書かれた本です。当時人口が3,000万人しかいなかった日本で300万冊も売れたそうです。

　今日の講演を聞いて「上場にチャレンジして世の中を引っ張っていこう」と思う人がこの中で10％の3人でも出てくれば、10年後に世の中が変わる可能性もあると思います。そんなお話をできればと思います。

1　3回目のチャレンジでようやく上場

　ライトアップという会社について少しだけ説明させてください。ライトアップは2002年にサイバーエージェントからスピンアウト[7]するように起

6月22日　東証マザーズ上場

業しました。創業メンバーは全員サイバーエージェントの元社員です。

　創業後、Web制作やメールマガジンが活況の時期に一度上場しようとしましたが、バブルがはじけてしまうまくいきませんでした。1年早く準備を始めていればその時に上場できていたかもしれません。その後、SaaSやクラウドサービスにもいち早く取り組み、再度上場に挑戦しました。この時も上場審査の直前に業績が悪化してしまうまくいかず、事業をピボットさせ中小企業の経営コンサル業務を育てていきました。そして昨年、3回目の挑戦で上場することができました。

　1回目・2回目で上場するよりも3回目で上場した方が、結果的に時価総額も注目度も高くなりましたが、他の上場企業の社長さんからは「白石さんよく粘ったね」と半分呆れ顔でよく言われます（笑）。

　現在は「全国、全ての中小企業を黒字にする」をテーマに、ITに特化したコンサルティングを行っています。2018年は年間600回のセミナーを

7）企業内の事業部門や活用されていない研究開発成果・ビジネスアイデアなどを切り離し、一企業として独立させて事業展開を行うこと。特に独立後の新会社が旧会社との資本関係がなくなることを指してこう呼ぶ。新会社が旧会社と資本関係を継続させる場合には、スピンオフと呼ぶ。大企業では埋もれがちな部門やビジネスアイデアを切り離して事業化することにより、事業発展の可能性を広げる。（出典：ビジネス用語辞典）

第5章　IPOに成功したスタートアップ

行い、2万社の社長さんに来てもらいました。全国の中小企業の1％弱に相当する企業さまに新しいITツールの存在を伝え、そのうちの約12％、2,300社が実際に顧客になってくれています。

2 夢を叶えるための時間の使い方

「社会人は想像以上に〇〇だ」

この〇〇に入る言葉は何だと思いますか？「大変だ」？「タフだ」？少し考えてみてください。

正解は「暇（ヒマ）」です。「社会人は想像以上に暇だ」。社会に出たらもうずっと働くことしかできないと思ってしまう学生さんは多いですが、これは大きな勘違いです。とんでもない。誤解を恐れずに言うならば、ほとんど働いていないんです。

日本人の年間労働時間は平均1,713時間です。つまり、年間8,760時間のうち、会社で働いている時間は19.5％しかありません。社会に出たらなんと80％以上は自由時間なのです。

最終面接で学生さんからよく聞かれる質問があります。

「御社は社員向けに社内研修をしっかりされていますか？」

これに「やっています」と答えると、次にこう聞かれます。

「私は成長できそうですか？」

このやり取りをすると、私は非常に不安になります。なぜなら、この人は19％の時間内だけでインプットもアウトプットも両方しようとしているわけです。

たとえば皆さんが甲子園を目指す高校球児だとして、試合中に練習をして上手くなって勝ち進んでいこう、とは思わないはずです。試合で何回か打席に立ったからといって次にホームランを打てるわけはありません。

それと同じで、80％の自由時間で自分に投資をして、19.5％の時間でアウトプットをして結果を出す。このように考えていかないと、おおよそビジネスパーソンとして一流にはなりにくいと思います。ただし勘違いしないでほしいのは、自宅でも仕事をしろ、という意味ではないということで

年間8,760時間

勤務時間：1,713時間・19.5%

自由時間：7,047時間・80.5%

Copyright (C) WriteUp! Co.,Ltd. (http://www.writeup.co.jp)

す。業務以外の自由時間では、自分自身のビジネススキルを上げるための活動、例えば新しいITツールを試しに使ってみたり、例えば同じ志を持つ人と交流を持ってみたり、そういった自分への投資を積極的にされてみてはいかがでしょうか。

3　上場の難易度は、オリンピックで入賞するくらい

「『上場のすゝめ』とは言うけれど、なかなかできないだろう。だから別に上場しなくてもいいのではないか」

こう考えている人もいるでしょう。たしかに上場だけがゴールではありません。自社サービスの会員をそこそこ増やして事業売却してしまう方が楽かもしれません。私も辛い時は事業売却してしまおうかと思ったことも正直あります。

しかし、売らずに上場して次のステージに進むことで「世の中からこれだけ期待されているのか」ということが実感できるので、やはり売却してイグジットするよりも上場したほうが個人のスキルアップという意味では

私はよいと思います。

　それでは上場するのはどのくらいの難易度なのか？　わかりやすい例で言うと、オリンピックで入賞するくらいの難易度です。大体年間90社くらいが新規上場しています。前回の夏のオリンピックで入賞してメダルを獲得したのが88人。どんな種目でもメダルさえ取れればOKです。

　例えば、上場までの道のりをカーリングに例えてみます。まず国内でカーリングがもっとも活発な北見市に引っ越します。カーリングの日本代表は国内で一番強いチームが選ばれるので、その北見市のチームに入ってがんばってレギュラーを取ります。そして順調に国内大会で勝ち抜き、オリンピックに出ればかなりの確率で入賞できます。上場の難易度はこれと同じくらいです。

　もし北見市に引っ越してきたのにレギュラーを取れなかったら、「自分はなんのために引っ越してきたのだろう」と呆然とするかもしれません。そのくらいのリスクはあります。しかし、オリンピックでメダルを取れなかったからといって人生が駄目になるわけではありません。北見市で新たな目標にチャレンジし、そして幸せに生きていくことはもちろんできると思います。

　上場への挑戦も同じです。リスクはありますが、生きるか死ぬかのチャレンジではありません。仮に上場できなかったとしても、幸せな人生を送ることはできます。

　私は上場できた側になれたので本当によかったと思いつつも、過去2回は失敗しています。2度審査に落ちた時も決して駄目な会社だったわけではなく、上場の準備をする中で結構よい会社になってきていたという実感がありました。きちんとした会社でないと上場できないので、各種制度を整えて決算書を正しく集計し、且つそれらを全部証明できるようにします。仮に上場に失敗したとしても、これらが全て無駄になるわけではありません。

　上場を目指しているとどうしてもキャピタルゲイン[8]等に目が行きがち

8）不動産や有価証券などの値上りによる利益。特に、株式の値上りによる利益をいう。（出典：大辞林［第三版］）

ですが、「良い会社でないと上場できないので、良い会社にするためにやっているのだ」という心構えで準備を進めるといいと思います。

4　上場できるビジネスモデルの条件

　上場できるビジネスモデルの条件を1つだけ挙げるとしたら「応援団が存在すること」です。そのサービスに共感してくれる応援団がいると、良いサービスは勝手に広まり売上も上がります。

　応援団がつくサービスは「『〇〇〇を解決する』ということが明確になっている」必要があります。3人くらいの人に話をしたら、すぐにお客さんを紹介してくれるくらいに明解な説明ができるサービスでなくてはいけません。「これはいいな」と直感的に思えるような言葉で説明できるとなおさらいいです。弊社は紆余曲折した上で「全国、全ての中小企業を黒字にする」とわかりやすい言葉で説明するようにしたところ、50代の方の応援団がすごく増えました。共感してくれる人生の先輩応援団がたくさん増えていただき、一気に事業が軌道にのりました。

　早稲田大学の起業の授業に呼んでいただいたことがあります。ビジネスプランをプレゼンしあって、最終的にマネーの虎のように起業家が投資するか判断する形式のものでした。その中でなかなかおもしろかったビジネスをご紹介します。

　それは「早稲田大学の学生が講義のノートを取り、それをWeb上にアップして他の人が買えるようにする」というものです。教授からは「講義に参加しなくてもノートを買えばよくなってしまう」という批判が出ました。もちろんそういう意見はあると思いますが、起業の授業なので悪いところばかり突っ込んでも仕方がありません。このサービスの良いところを考えてみましょう。

　たとえば、奨学金をもらって大学に来ている学生がこの売買サイトでノートを売れば、勉強しながら奨学金を返すことができます。授業を真面目に受ければ学費が稼げる！と。もしくは、お金がなく早稲田大学への進学を諦めた学生が、ノートを買って早稲田の講義に触れることもできます。

高校生が買うのもいいでしょう。「早くこのノートを取れる側に立ちたい」とやる気が出るかもしれません。

　教授からは突っ込まれますが、逆に言えば教授以外誰も突っ込まないサービスなのです。こういうサービスはうまくいく確率が高いです。

　実は一部の大学では数年前から類似のサービスが小さく始まっていると聞いています。大規模になっていないのが不思議ですが、おそらく応援団の存在を意識していないのかもしれません。教授の目を盗んで売り買いしようというちっぽけな感性でやってしまうとうまくいきません。「がんばる学生を徹底的に応援する」というスタンスのサービスに仕立て上げれば、応援団が増えるのではないかと思います。

　私はこのビジネスプランに「100万出します」と言ったのですが、みんなひるんでしまったのか、結局誰もやらなかったのでここでご紹介しました。もし死ぬ気でやりたいという人がいたら是非やってもらえるといいと思います。その時は、一部の教授が応援団になってくれるような、また新しい訴求軸があるとさらに成功確率が上がると思います。

5　ベンチャーに向いている人・大手企業に向いている人

　「ベンチャー企業と大手企業、どちらに向いているか調べる方法」というのがあります。トランプの「大貧民」を皆さんやったことがあると思います。不利な条件で戦わなくてはいけない大貧民が大富豪を相手に逆転できる唯一の方法を覚えていますか？　そう、カードを4枚揃えて強さを逆転させてしまう「革命」を起こすことです。

　つまり、「不利な状況から革命を起こして勝つことが一番燃える」という人はベンチャー企業に向いています。是非、ライトアップに入社してください（笑）。「大富豪のまま勝ち続けることが楽しい人」は大手企業に向いています。これはこれでスタンダードな生き方として悪くないと思います。日本を支えているのはやはり大企業であり、その貢献度合いは高いので。

　大手企業とベンチャー企業が戦うにあたり、ベンチャー企業側が勝って

いるものはおそらく1つもありません。意思決定のスピードはベンチャー企業の方が速いかもしれませんが、お金がないので結局実現するスピードは遅くなってしまいます。まさに大富豪と大貧民のような状況です。

そういった状況の中で、いかに革命をしかけていくかがポイントです。イノベーションのジレンマという言葉がありますが、安定している大企業は自らは革命は起こしません。最強のカードがQueenしかないベンチャー企業が、タイミングを見て革命を行う。イノベーションを起こすことがベンチャー企業で働く醍醐味だと思います。

6 ノーリスクで上場を目指す方法

ここまでで「上場に興味が湧いてきた」という方のために、「ノーリスクで上場を目指す方法」を最後にお伝えします。ここだけの話ですよ。

弊社の外部株主でもある広告代理店オプトホールディングさんの子会社に、ソウルドアウトという中小企業に広告を売る会社があります。2017年にマザーズへ上場しました。親会社のオプトホールディングと子会社のソウルドアウトでは売上は7倍違いますが、時価総額はおおよそ同じです。すごいことだと思います。

こちらの代表は一度起業され、うまくいかずオプト社へと入社しました。そこで実績を上げ、人望を集め、自分のやりたい「地方の中小企業を支援する」というビジョンに共感する社内の仲間とともにグループ会社を立ち上げたそうです。創業から順調に業態を拡大しているそうです。

実は今上場していて日本を引っ張っている代表的な企業のほとんどは、どこかのグループ会社からスタートしています。フジテレビはニッポン放送の子会社でした。トヨタ自動車は豊田自動織機という機織りメーカーの子会社です。富士通は富士電機という発電機メーカーの子会社です。富士電機自体も古河電工という電線を作る会社の子会社です。大手企業が子会社を作り、その子会社が親会社を超えていく、そういった新陳代謝が日本では非常に多く存在しています。チャレンジする人にとっても非常に低リスクでチャレンジができます。

この話を聞いて「上場にチャレンジするぞ」と思った方は、是非ライトアップに入って挑戦してください（笑）。上場までの手順はマニュアル化してあります。なにせ12年もチャレンジしていましたので。30歳くらいでグループ会社の社長になり、35才でマザーズに上場しビジネス史に名を残し、45才で時価総額1,000億円規模の会社に成長させ、そして次のグループ会社を作っていってほしいです。そんな新陳代謝をライトアップとして起こしていけたら本当に嬉しいです。

質疑応答

——企業のミッションや企業理念は決めるべきですか？

　もちろんビジョンは重要ですが、ビジョンに固執しすぎるとピボットできなくなってしまいます。先日 CARTA HOLDINGS の社長になった宇佐美氏は「ビジョンを明確に定めていないから事業をピボットできた。方向転換できた」とインタビューでおっしゃっていました。これはライトアップも同じで、ターゲット層を強く決めなかったからこそ、事業の方向性を変えながら上場を目指せたのだと思います。一方で集中しない弱さはあると思います。選択と集中を意識し、1つのサービスに経営資源を全て投下するという方法ももちろんありだと思いますし、そちらの方が多数派だと思います。

　もし強い思いがまだないということであれば、無理に特定のビジョンに固執するのではなく、まず始めてみて、3ヶ月毎に役員層が「ビジョンはこれでいいのか」を話し合い検証する仕組みを入れておくとよいのではないでしょうか。経営層の成長とともにビジョンも成長するものだと思いますし。

——上場できる会社の数字的な目安はどのくらいですか？

　売上15億円、営業利益が2億円。この数字を出せば小規模上場はできます。月に1億2,000万円くらいの売上と1,600万円くらいの利益です。経済ドラマ「新しい王様」では「売上5億、利益1億」で上場できると言って

いましたが、5億だと上場してからがきついと思います。

　逆に言うと、最低でも毎月1億円の売上を上げられなければ事業としては未完成です。それは単なるサービスであって事業ではないと思うので、上場を目指すならば5年後でも10年後でもいいので毎月1億を超えられるようになる事業を計画してみてください。

——うまくいくまでに時間がかかりなかなか成果の出ない新規事業の部署と既存事業の部署の間で軋轢が生まれてしまう場合、複数部署間のコミュニケーションはどのようにしていますか？

　弊社は3つの事業部に分かれています。1つは不動産収益のように安定している部署。1つは逓増的に増える部署。1つは初期費用が多くかかり、赤字からスタートだけど伸びしろが大きい部署です。そして、この3つは部屋を分けています。物理的に壁を作ってしまうのです。

　どの部署も儲かっている時期とそうではない時期があり、それは時系列がずれているだけなのですが、誰しも隣の芝生は青く見えるものです。もちろん論理的に説明はしますし、社内にいる年数が長くなれば、儲かっている部署も明日はわからないということが皆自然にわかってきますが、初めのうちはそうもいきません。別々の会社を経営しているくらいの感覚で分けてマネジメントする方が場合によっては早いかもしれませんね。

講演要約

 3回目の挑戦でマザーズ上場した株式会社ライトアップ白石社長が提唱する上場のすすめ

夢を叶えるための時間の使い方

年間8,760時間のうち、会社で働いている時間は19.5％しかない。この時間内でインプットもアウトプットも両方行おうとするのは無理な話。一流のビジネスマンを目指すならば、残り約80％の自由時間で自分に投資をしなくてはならない。

上場の難易度はオリンピックで入賞するくらい

１年間に新規上場する企業の数と１度のオリンピックで日本が獲得するメダルの数は同じくらい。カーリングのメダルを目指して北見市に引っ越してその結果駄目だったとしても、北見市で充実した人生を生きていくことはできる。同様に、上場を目指して失敗してもその後幸せな人生を送ることはできる。生きるか死ぬかのチャレンジではない。それでも上場は十分に挑戦に値し、個人のスキルアップになる。

上場できるビジネスモデルの条件

「応援団が存在すること」が大切。応援団がいれば、良いサービスは勝手に広まる。「○○○を解決する」という目的と効果が明確になっていると応援団が増えやすい。直感的に理解できるわかりやすい言葉で説明できればなおよい。

ベンチャーに向いている人・大手企業に向いている人

トランプの大貧民で「不利な大貧民から革命を起こして勝つことに燃える人」はベンチャー企業に向いている。「大富豪のまま勝ち続けることが楽しい人」は大手企業に向いている。向き／不向きであり、どちらが良いというものではない。

ノーリスクで上場を目指す方法

大企業の子会社として起業すればノーリスクで上場を目指すことができる。トヨタ自動車など、現在日本を引っ張っている代表的な企業のほとんどは子会社としてスタートしている。

49 49の新規事業を立ち上げた起業のプロ

守屋 実（もりや・みのる）
1969年生まれ。明治学院大学卒。1992年に株式会社ミスミ（現ミスミグループ本社）に入社後、新市場開発室で、新規事業の開発に従事。2002年にミスミ創業オーナーの田口氏と共に新規事業の専門会社株式会社エムアウトを創業。2010年に独立後は新規事業創出の専門家として活動。ラクスル株式会社、ケアプロ株式会社の立上げに参画、副社長を歴任後、ブティックス株式会社、株式会社フューチャーベンチャーキャピタル、株式会社セルムなどの取締役、博報堂、JAXA、JR東日本スタートアップなどのフェローなどを兼任。

　私が初めて会社を作ったのは今から30年前、19歳の時でした。それ以来、新規事業一筋、30年間で合計49回新規事業を立ち上げてきました。もちろん、何かを作り出すには失敗が付きものです。そこで今回は、これまで何度もくり返してしまった失敗の経験を糧とすべく、新規事業の立ち上げにあたってどうしたら失敗しないかを私なりに整理して、お伝えしたいと思います。

　この数式、「49＝17＋18＋14」が、私が経験した新規事業の経験値をまとめたものです。いま、49歳。そして、これまでに立ち上げた事業の数が17の企業内起業、18の独立起業、そのどちらでもない、週末起業の14です。企業内起業は既にある企業、とくに大企業の中の一部門として新規事業を立ち上げたもの、独立起業は新たに会社を興して事業を立ち上げたものです。

　具体的には、企業内起業は、ミスミという機械工業系の専門商社と、そのミスミの創業オーナーと一緒に創業した新規事業の専門会社エムアウトという会社の、2社の中で行いました。

　独立起業で立ち上げた会社には、ワンコイン検診のケアプロやネット印刷のラクスルなどがあります。現在、18社のうち2社が上場済み、3社がM＆A済みとなっています。

> 自己紹介の数字、年齢＝企業内起業＋独立起業＋週末起業、です。
>
> # ４９＝１７＋１８＋１４
>
> ⇒ 17＝5勝7敗5分、18＝2上場＋3M&A＋8調達済＋1調達未＋4調達予定ナシ、14＝49－17－18。

1　企業の中で新規事業を立ち上げる企業内企業

　今回は独立起業を中心にお伝えしますが、企業内起業についても、少しお話しをさせていただきます。

　ミスミで立ち上げた新規事業のうちの１つが、動物病院向けのカタログ通販事業でした。

　機械工業系の専門商社において、「動物病院」は、既存事業とは異なる、まったく新しい市場でした。これはミスミに限ったことではありませんが、なぜそれまでとは異なる分野で新規事業の立ち上げを行うのでしょうか？

　どんな大企業でもいつかは「行き詰まり」に直面します。そうすると今までとは違う何かをやらなくてはいけません。例えば、みなが新聞を読まなくなって売上が下がった新聞社が、今までに自分たちが培ってきた強みを元に、「新聞以外の何か」をやらなくてはいけなくなるようなものです。

　当時のミスミは、行き詰まりという状態ではありませんでしたが、それでもミスミのお客様である国内の工場がどんどん国外に進出していた時期だったことから、国内事業をどう伸ばすか、という議論が行われていました。その中で出てきたのが、これまで培ってきたものを元に新しい事業を始めよう、という戦略でした。

　ミスミにおける、初めての本格的な新規事業創出、でした。

　どうやって新規事業を創出すべきか社内に知見がなかったのでコンサルタントに入ってもらうと、ミスミの強みを活かすには、「非効率が散在しているところで、それを集約することができて、そこに経済原則が働いているマーケットを見つけて、そこでカタログ通販を始めると良い」という

アドバイスをもらいました。そのアドバイスに沿って始めることになった新規事業開発プロジェクトに私がアサインされたという形です。

　読者の皆さんが現在どこかの企業に就職している、もしくは就職を考えているとしても、数年後に企業内で新規事業を立ち上げることになるかもしれません。どんな会社にも多かれ少なかれそういうポイントがあると思います。ベンチャーやスタートアップに参画するわけではなくても、新規事業との接点はあるものです。

2　独立起業の現実

　独立起業は、夢あるチャレンジだと思います。ただし、そんなに楽ではありません。

　例えば、ネット印刷のラクスルという会社は、今でこそ上場してスタートアップとして一定の評価をいただいていますが、創業時は小さな無名の会社でした。その後、なんとか事業が軌道に乗り、資金調達も成功したことで会社体力は増していきましたが、それまでの道のりは決して楽なものではありませんでした。

　例えば、ワンコイン検診のケアプロという会社は、今でこそ法改正を実現、ソーシャルベンチャーとして一定の評価をいただいていますが、法改正実現前は、ときにグレーゾーンの扱いを受け苦難の連続でした。

　企業内起業では当たり前の、「給料日は給料が振り込まれる日」は、独立起業にとっては、そうではありません。「給料日は給料を支払う日」であり、自らの給料は、「売上から原価や経費を引いた残りの金額から捻出されるもの」だったりします。大きな、大きな違いです。

　なので、エムアウトから独立してラクスルやケアプロを立ち上げに参画すると同時に、安定的に生活費を稼ぐために、守屋実事務所も立ち上げることにしました。博報堂やリクルートなどの大企業で、非常勤の事業開発メンバーとして、稼がせてもらったのです。独立してしばらくのあいだは、午前中はケアプロに行き、午後はラクスルに行き、夜なべで守屋実事務所の仕事をする、というような生活をしていました。

ミスミの創業オーナーと立ち上げたエムアウトは、新規事業を本業とする起業専業企業、でした。

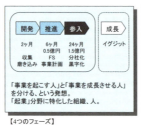

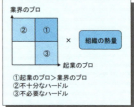

そうこうしているうちに5年くらい経ち、ラクスルの事業成長、ケアプロの法改正などが見えてきたので、その経験を活かして独立起業の幅を増やすことにしました。結果、現在までの累積で、合計18社の経営に携わることになったのです。

3　新規事業の立ち上げの3ステップ

　新規事業を立ち上げ方の1つの方法として、「開発」「推進」「参入」の3ステップを踏むようにしています。エムアウトで企業内起業をしていた頃に確立した手法ですが、独立起業の場合も同じです。ラクスルを立ち上げる際もこのステップを踏みました。具体例を紹介する前に、この3ステップがどのようなものか説明します。

　「開発」は情報収集と磨き込みのステップです。2ヶ月かけて情報を集め、事業計画を作成します。なぜ2ヶ月なのかというと、1ヶ月では底の浅いものしかできず、3ヶ月以上かけてもあまり進化がないからです。どんなに机上で情報を集めても見聞きした通りになることはほとんどなく、実際にやってみないとよくわからない、むしろ時間をかけすぎて捏ね繰り回すといいことがない、ということがわかったからです。

「推進」はテストのステップです。開発のステップで想定した通りになるかどうか、実際に事業を動かしてみて試してみます。ただし、思った通りに顧客がお金を出してくれることはほぼないので、現場の現実に合わせて、机上の事業計画を修正することになります。当初の計画を達成するためにどうに帳尻を合わせるのではなく、どこをどれだけ修正すればいいか、その事実を確認することが目的なのです。

初めから完成形を作るのは無理です。本人がどんなに自信を持って事業計画を作ったとしても、あらかた事実は違ったりします。くり返しになりますが、やってみないとわからないのです。もちろん、「推進」をしてみた結果、事業性に難ありであれば、「開発」に戻って事業計画を作り直しても構いません。いわゆるピボット[9]です。

「開発」と「推進」を経て本当に上手くいくという確信が持てたら、本格的に資金を投入して「参入」となります。どうしても最初の事業プランに固執しがちになりますが、そこは柔軟にいった方がいいと思います。「やろうと思ったことはやり切る」と「これは違うかもしれないと思ったら柔軟に変える」というのは矛盾していますがどちらも必要なものです。

4　3ステップの実例──ラクスルの場合

ラクスルを立ち上げた際もこの3ステップを踏みました。それぞれのステップでどのようなことを行ったのか、実例を紹介します。

ラクスルはTVCMも打っているネット印刷の会社です。現在は印刷のECサイトを運営していますが、立ち上げ当初は印刷のポータルサイトでした。いわゆる印刷価格比較ドットコムのようなもので、印刷枚数やサイズ、加工ごとに各印刷所の価格を比較できるサイトです。

なぜポータルサイトから始めたのかというと、ECはとてもお金がかかるからです。創業したばかりのベンチャーであるラクスルには、難しい費

---

9) 当初想定していた事業とは異なる事業構築に進むこと。ただし、コンセプトや想定顧客、ビジョンなど事業の根幹が変わらないことが前提。全く関係ない事業を始めることはピボットとは呼ばない。

用負担でした。

　立ち上げから4年後には、このポータルサイトに毎月多くの「印刷をしたい」というユーザーと、「印刷しますよ」という印刷会社が集まるようになりました。そして、ユーザーは印刷のどういうところがわからずにつまづくのか、丁寧な見積もりを出す印刷所や適当な見積もりを出す印刷所がどこなのかがわかるようになってきました。開発、推進、参入のステップに当てはめるとしたら、ポータルサイトを運営していた4年間は「開発」のステップにあたる、というイメージです。

　「開発」ステップで収集した情報を基に「推進」ステップへ進みます。ここでECを開始しました。ECを開始といっても広くURLを告知して顧客を集めたわけではありません。知り合いの限られた会社に対して、事業の骨格をそもそも受け入れていただけるか、確認を行いました。

　なぜそんなことをしたのかというと、先程も言った通りどんなに机上で調べても事業計画の通りにはならないし、最初から完璧なサービスは作れないからです。我々が優れたUI、UXのつもりで作ったサイトでも、ユーザーにとってベストとは限りません。まずは知り合いに使ってもらい、どこが悪かったかを聞いて改良していきました。

　「参入」ステップに入る前にさらなるテストを行いました。いわゆるA/Bテストです。注文ボタンの色はオレンジと緑どちらが良いのか、メニューにイラストがあった方が良いか等、細かくテストしてブラッシュアップしていきました。

　最大のA／Bテストは「印刷の前後の工程」でした。例えば、チラシの印刷を発注する顧客はおそらく印刷をしたいわけではなく、印刷したチラシを配りたいのです。印刷会社の一区切りは印刷ですが、顧客の一区切りは別のところにあります。その仮説を基に、刷ったチラシをそのまま新聞折込やポスティングに回すことができる「配布サービス」を企画したのですが、これが余計なお世話なのかそうではないのか、仮説の事実確認を行ったわけです。

　テストの結果、どうやら余計なお世話ではなかったようです。顧客は「そこまでやってくれるのかっ！」と喜んでくれ、そして「チラシ印刷1

枚1円」が、「チラシ印刷＆ポスティング1枚10円」と、顧客単価が10倍になったのです。印刷だけで顧客単価を10倍に上げることは不可能であり、顧客満足と売上向上をあわせもった勝ち筋でした。

印刷にプラスアルファをすることで客単価を一気に上げられることがわかりました。その結果をもって資金調達を行い、満を持して「参入」ステップへ移行したのです。

5　つまずきに強い組織の作り方

　もし弁護士資格を持っていない起業家が弁護士事務所を立ち上げるならば、自分が法廷に立つのではなく弁護士を雇うことをするでしょう。もし医師免許を持っていない起業家が病院を作るならば、自分が手術台に立つのではなく医師を雇うことをするでしょう。専門的なスキルを必要とする事業、分かりやすく言えば資格要件が必要な事業は、誰しもその事業に適任な人を集めて立ち上げるのだと思います。じつはこれは、何の事業を行うにしても同じことです。印刷なら印刷の、金型なら金型の、その業界のプロがいないと上手くいきません。

　さらにもう1人、起業のプロがいないと新規事業を上手く立ち上げることはできません。起業のプロは何度も起業をしているので、大体どの辺りでつまずくのかがわかっています。わかっているからといって問題が起こらないわけではないのですが、ここでつまずきそうだなと予測しながら突っ込むのとまさかそうなるとは思わずに突っ込むのでは大違いです。

　つまりは、事業を立ち上げるには、業界のプロと起業のプロ、2人が揃った方が、揃っていないより、確度が高いということなのです。

　この2人のプロですが、必ずしも1.0人と1.0人を集めなくてはいけないわけではありません。3人の知識でプロ2人分を賄うのでもよいのです。また、正社員かどうかは形式の問題なので、要件さえ満たすのであれば、外部アドバイザーとしての参画などでも構いません。

6　理由があると揺らぎなく前に進める

　最後に、私が新規事業の立ち上げばかりやっている理由についてお話ししておきます。これは私の持論ですが、我が国には、対決すべき課題が２つあると思っています。１つは「人口総量が激減していること」、もう１つは「人口構造が激変していること」です。この２つが同時に起きているから我が国は大変な状況に陥っているのだと思います。

　これだけ外部環境が大きく変化していると、社会も企業もそして大学も、全てのものが何かしら変わらなくては生き残ることができません。早稲田大学も125年前と同じ早稲田大学では生きていけないはずです。つまりは、「これまでの延長線上ではない何か」にチャレンジする、その第一歩をしるす人間の出番が増えざるを得ないのです。

　先程もお話ししたように、多くの経験を積んだ起業のプロがいると起業は非常にやりやすくなります。新規事業の件数が増えていく世の中で、起業の場数を踏んでいる人間というのは幾分なりとも意味と意義があると思っています。これが私が新規事業の立ち上げばかりやっている理由です。

　皆さんがこれから就職するにせよ起業するにせよ、「自分はなぜこうしているのか」という理由を自分の中に持っておいた方がいいです。自分の存在意義と言ってもいいかもしれません。ないよりもあった方が胸を張って進んでいけるし、迷わなくなります。

　ちなみにこの理由は後付けで構いません。私は後付けです。元々新規事業ばかりやるようになったのはミスミの創業オーナーの田口さんにやれと言われたからで、そこに私の意思は微塵もありませんでした。しかし、田口さんの元を離れて自分自身で生きていく上では何らかの理由がないと自分自身がふらふらするのです。だから今申し上げたような理由を持ったのです。

　自らが進む先は、必ずしも平坦だけではないと思います。壁や谷があった時、自らの想いに賛同してもらうことができなかった時、そういったことが起きた時、それでも前に進み続けるためには、必要なものだと思います。

質疑応答

――共に新規事業を立ち上げる人はどのような基準で判断しているのでしょうか。また、どのようにして出会うのでしょうか。

　新規事業というのはそう簡単には上手くいかないものです。だから私は「この人とは上手くいかない時も一緒にやっていけるか」を基準にしています。上手くいっている時は仲が良くても、上手くいかなくなり始めるとお互いに不満を持つようになります。そうなった時にそれでも一緒にやっていけると思えるかが、その人物と一緒に新規事業をやるか／やらないかの判断基準です。

　そういう人物と出会うための一番の秘訣は、自分は何をやりたいのか、という意思を持つことです。それが明確になっていないと、たとえその人物が目の前にいても気付かないと思います。まず最初に、自分の中に「これをやりたい」という思いを持つこと、それが、事業立ち上げの仲間に出会う、一番のコツだと思います。

――これまでにあった組織トラブルの具体例を教えてください。

　ありがちな話で言うと、例えば社長がメディアに露出し始めると急に世間に対していい格好をし始める場合があります。そうすると、外から見るとすごくいい会社でも中から見るとそうでもないという二面性が生まれます。この微妙な温度差が組織を腐らせるのです。資金調達もそうで、ある日突然何億ものお金が入ってくるとそれまで目の前の顧客の方を向いていた社長がどこか遠い方を向いてしまうこともあります。もちろん、トップやマネジメントだけの話ではありません。新規事業を創るというのは、要は「創業」なのだと思います。にもかかわらず、サラリーマン的なものを引きずり、業務として取り組むような参画者は、せっかくの創業の熱量に冷や水を浴びせてしまいます。

　そういった何かしらの理由で、昨日まで一体だった組織が昨日までと違う何かしらに変わってしまうのです。事業が失敗する時はビジネスモデルから崩れるのではなく、組織や人から崩れることが本当に多いと感じてい

ます。

——IPO のメリット・デメリットを教えてください。

　IPO を目指すということは、それなりのお金を集めてそれなりの成長をしないと許されなくなるということです。自分が社長で自分の会社だとしても、自分の意志だけでは済まなくなります。社会性を求められるようになりますし、社長として不適格だと株主に判断されれば、退くことを求められることもあります。

　一方、世の中を変えたいと思うのならば、IPO は依然として有用です。資金調達力は増しますし、多様になります。法人としてのメリットだけでなく、これまでがんばってきた創業者を始めとする個人が、金銭的に報われることも大きな意味だと思います。

　いずれにしても、どちらがいいというわけではなく、本人が何をしたいかによって分岐すると思います。

講演要約

 起業は「なぜ自分がこうしているのか」という理由を自分の中に持ち、やり切る。

30年で49の新規事業を立ち上げた起業のプロ守屋氏による失敗しにくい起業の仕方。

事業の立ち上げ方

「開発」「推進」「参入」の3ステップを踏むとよい。「3つ」は、概念であり、実際のステップは、事業の個性や環境などによるものであり、且つ、事業の生存確率の視点を併せ持つことが大事。

◆開発

情報収集とプロトタイプ作成のステップ。2か月かけて情報を収集し、事業計画を作成する。1ヵ月では短すぎる一方、3か月以上かけて情報を集めても予習のし過ぎで、むしろ実際にやってみた方が得るものが大きい。

◆推進

テストのステップ。実際に事業を動かして色々なパターンを試してみて、どれが上手くいくかを見極める。試した結果、問題があれば開発ステップに戻って事業計画を作り直してもよい。目先の売上、利益が目標ではなく、「勝ち筋」を見つけるためのステップである。

◆参入

「勝ち筋」が見つかったら、本格的に資金を投入して参入する。「絶対に勝ち切る」という想いだけでなく、「顧客の事実」に基づいた蓋然性の高さが、思い切った事業展開を可能とする。

組織の作り方

新規事業を立ち上げる際は「その業界のプロ」と「起業のプロ」、2人の知見があると上手くいく。この2人は必ずしも1.0人と1.0人でなくてもよく、3人で2人分の知見を賄っても構わない。また、雇用形態も、正社員でなければならないわけではない。大事なことは、形式ではなく、当該事業の立ち上げ者としての、実態としての取組み姿勢。

不確実性との果てしない格闘の末の上場と上場後の課題

　今回登場いただいた4氏は上場を目指すことや新規事業開発に対する信念の強さ、そしてスタートアップを成功させた面々であるにも関わらず、「新規事業の困難さ、不確実性」について強調していた。

　通常、成功者は自らの取り組みについて「努力の結果、当然の帰結である」といった話をすることが多いが、4氏の講演内容はむしろ逆であり、その不確実性・困難性をいかに克服するかという点について強調されていたのである。

　また、うまくいかない方法については確実性高く主張され、うまくいく方法については「可能性を上げる手段」という表現が多く見られた。新規事業を確実に成功させる方法は存在しないと信じるに足る事実であると同時に、新規事業開発という不確実性の高い取り組みを推進していくためには自らの取り組みについて「成功するかどうかは別としてこれが打ち手として可能な最善手である」という信念が必要なのだろうと思われる。

　実証ベースで成功を保証する手法が存在しない上に、「撤退」も含めて可能な打ち手は無数にある。さらに当初奏功しないと思われた取り組みが、粘り強く続けた結果、成果につながるということもありうる。ということを考えていくと「新規事業はこの通り取り組めばうまくいく」といった言説は無責任極まりない言葉だといえよう。新規事業開発とは「不確実性との果てしない格闘」ということもできよう。

　上場という起業家にとって1つの大きなゴールを達成したとして、ハッピーエンドになるわけではない。「問題が発生しないのは墓場だけ」と言

われる通り、上場後にも問題は無数に発生する。それらの多くは「Private Company」から「Public Company」に変わることに起因していると思われる。

　ここでも上場にまつわる「ヒト」の問題は発生しがちだ。上場企業には非上場企業には課されない様々な責任がある。上場企業であればその責任を果たしていかねばならない。そういった環境に必ずしも合わない人材が存在しているのも事実である。逆に、上場企業の環境でしか適応できない人材も存在する。だから、上場を経験した企業の多くが幹部メンバーを含めた「人材の入れ替え」を経験している。人材の優劣というよりも種類の問題で起こっていることと考えられるため、一定の新陳代謝は避けられないと考えたほうがよいだろう。

　そしてもう1つ。こちらは上場時だけでなく継続的に発生する問題だが、公開企業であるが故に短期業績と長期業績を同時に追求する責任である。上場前は株主さえ納得すれば会社が倒産しない範囲で赤字を作ることができた。長期的な利益のために短期利益を無視することができたし、むしろそれが求められた。一方、上場企業であれば多様なステークホルダーがいるため、安定的・持続的に成長することが求められ、安易に赤字にすることは許されない。と同時に将来の成長のための投資を怠ることもできない。後者は企業継続に対する投資だからである。短期と長期のバランスを取りながら経営を行っていかねばならないのが上場企業の宿命だろう。

第6章
もう1つの起業方法 「大企業内起業」

冒頭で日本において大企業内起業の大半は奏功していないと述べたが、あくまで一般論であり、例外は存在する。その稀有な例外である、成功している企業内起業家から2名の起業家に登場していただいた。
・株式会社ユーザベースのグループ会社でエキスパートリサーチ事業を運営する株式会社ミーミル代表取締役社長　川口　荘史氏
・株式会社エイチ・アイ・エスの金融子会社として急成長中のH.I.S. Impact Finance株式会社代表取締役　東小薗　光輝氏
である。
　詳細は本論に譲るが、両社とも通常のグループ会社とは異なる立ち位置で運営されており、それが両社の奏功の一因にもなっていると思われる。
　一般的なスタートアップと異なり、大企業内起業において成功のために必要な要件というものがある。なぜなら、大企業にはヒト・モノ・カネ・ジョウホウなど通常のスタートアップでは手にすることができないリソースが膨大に存在するからである。一方で、大企業だけに適用される諸法規や社内規則で一般のスタートアップにはない制限を受けることも多いからである。
　大企業内起業においては前者の最大化と後者の最小化が必須の条件となる。それは制度側で担保することであると同時に、起業家側の努力である程度は実現できるものでもある。大企業内起業はそれ自体が大きなトピックになる内容ではあるが、スタートアップとの違いを感じていただくため2社だけご登場いただく。好例である2社の経験を通じて大企業内起業の成功の法則を考えたい。

10 企業内起業でも独立スタートアップでもないハイブリッドスタートアップ

川口荘史（かわぐち・そうし）
東京大学卒、東京大学大学院修了、理学博士。UBS証券投資銀行本部に入社し、M&A及びテクノロジーチームにて、製薬業界、エネルギー業界、大手電機等の国内外のM&A、LBO案件等に従事。その後、複数のベンチャーの創業に参画し、ファイナンスや新規事業立ち上げに従事した後、株式会社ミーミルを創業した。

株式会社ミーミル
2017年1月設立。マザーズ上場企業である株式会社ユーザベースの持分法適用関連会社。業界・市場リサーチ、分析、レポート作成業務を行う。2017年10月より業界の専門家から知見を得ることができるエキスパートリサーチサービスを提供開始。社名は受け継がれ進化する文化的情報因子「ミーム」と、北欧神話の賢者の神「ミーミル」に由来する。

　弊社は2017年1月の設立後、創業の初期段階で事業会社の資本を入れています。事業の方向性としても出資元の事業会社やそのグループ会社とシナジーを効かせており、企業内起業と独立スタートアップのそれぞれの要素を取り込んだハイブリッドスタートアップといえるかもしれません。特殊な起業のプロセスを経ているので、その辺りを中心にお話しさせていただきます。

1 ハイブリッド形式での起業とは

　弊社の出資元事業会社は株式会社ユーザベースという経済情報インフラ企業です。アジア最大級の企業・業界情報プラットフォームであるSPEEDAを提供しています。また、グループ会社には株式会社ニューズピックスがあり、ソーシャル経済メディアNewsPicksを提供しています。
　ミーミルは2017年1月に創業し、同年3月にユーザベースから第三者割当増資[1]という形で出資を受けています。これによりユーザベースのグループ会社となりました。2017年の間は初期的な体制の構築や事業モデルの構築に時間を費やしました。

ユーザベースグループ内での我々の位置付けとしては、有報にも記載の通り、持分法適用関連会社となります。100％でもなく、純投資的な数％でもなく、グループ会社として運営していくという前提の持分です。

ミーミルとしてはVCから出資を受けているわけではなく、あくまでコーポレートサイドからの事業戦略的なシナジーを含めた出資を受けているという認識です。

株主構成としては、外部の株主は現在ユーザベース1社のみで、あとは経営陣で持っています。経営陣がマジョリティを持ち基本的に意思決定は我々がしており、実態としては独立の企業です。その一方でユーザベースが一定の持分を持っているので、グループの中で強いシナジーのある事業を作っていければという位置づけでもあります。

当然ながら、創業初期においてピボットの可能性も高いため、どのような事業となるのかは確定的ではありません。そのため、独立性を維持しつつ、他の戦略的なオプションも持ちながら、シナジーもある程度見込んで進めていくことがハイブリッド型起業の最大の特徴ともいえます。

次からはハイブリッド型起業のメリットをご紹介します。

2 ハイブリッド型起業のメリット

まずは出資を受けるスタートアップ側のメリットをご紹介します。ミーミルが当てはまるところもありつつ、一般的な話も入れています。

①顧客基盤を活用できる

営業紹介については、特にこうした起業でなくとも、株主からの協力を受けられることは多いです。ただ、シナジーのあるサービスを展開している事業会社の協力を得ることができれば、顧客開拓もよりやりやすいと言えます。特に事業会社の既存のサービスと連続性のあるサービスである場合は、顧客としては利用イメージを持ちやすく、導入しやすいです。ミー

1）株式会社の資金調達方法の一つであり、概ね、株主であるか否かを問わず、特定の第三者に対して募集株式を割り当てる方法による増資のことである。

ミルの場合であれば、SPEEDAでの情報収集や分析作業の延長上で発生するニーズとして有識者インタビューがあるため、非常に受け入れられやすいというのはあります。

②事業会社とのシナジー創出の最大化の目線での事業開発ができる

グループ会社として、事業会社とのシナジーを最大化する目線で事業開発していくことができます。そうすることで、より早くサービスをスケールさせる絵が描きやすい。単体として成長させる目線と、ある程度シナジーも効かせながら伸ばしていく目線と両方持っておくのは重要だと思います。事業開発をしていく上でピボットも当然ありますが、そういった軌道修正をするにあたっても「こういうリソースを活用した方がスピードアップするよね」という目線で方向性の調整をすることが可能です。

③グループとしての信用力を活用できる

例えば、上場企業などからの出資を受ける場合の信用力というのもおそらくメリットがあると思います。社外から見た何らかの印象やイメージのある企業であれば、グループ会社や子会社の場合は、その延長上に自社も見られるということになるかもしれません。これはいい方向にも悪い方向にも作用する部分はあるかもしれませんが、こうした信用力は、営業や採用、広報などいくつかの場面で効果があります。ミーミルでいうと、様々な有識者の協力が必要なサービスを展開しているために、そうした外部パートナーのような位置づけの方々にも上場企業の資本が入っていることで信用は得られやすかったと感じています。

④ EXITの選択肢の幅が広がる

スタートアップでVCなどのファイナンス系のプレーヤーを入れると当然イグジットが必要となります。そうしたプレーヤーはリターンを出すことが目的ではあるので、その際は、それなりにバリュエーション[2]が付か

2）投資の価値計算や事業の経済性評価のこと。

なくてはいけない。そうなると、IPO含めてとりうる選択肢はある程度限られてきます。事業会社によるシナジーを目的とした出資などの場合は、必ずしもIPOなどイグジットありきではない、複数の選択肢を残しながら意思決定をすることができます。

⑤事業を早期に、スケールさせる目線での事業開発ができる

一定規模の会社から出資を受けてグループ会社としてやっていくことになるので、それなりに早期に事業をスケールさせなければいけないという良い意味でのプレッシャーが働きます。それなりのサイズ感で運営してそれなりのところに着地することがなく、大きくスケールするための意識を持つことができます。

ここからは出資をする事業会社側において想定されるメリットです。ミーミルのケースがすべて当てはまるともいえませんが、当然ながら双方にメリットがなくてはこうした連携は成り立ちません。

⑥リスクをとった事業立ち上げを外部人材に託すことができる

給料をもらいながら会社の資金で新規事業を作るのと、リスクを取って起業することは、担当者のスタンスも大きく異なります。企業内起業では、社内でオーナーシップをもって意思決定していける人材を見出し、新規事業にアサインすることは容易ではありません。外部で起業している人材に、自社の新規事業的な位置づけで立ち上げていくことができます。

⑦事業責任者に適切なインセンティブの設計が可能に

社内での新規事業というのは担当者のやる気が起きにくい作りになっています。失敗の可能性が高い新規事業において、社内での本人のポジションとしては失敗したくはないが、そのリスクのほうが明らかに大きい。そういった観点では通常は新規事業はやりたくない。そうなると、そのリスクに対して、リターンが何かが重要ですが、そのリターンも社内だとボーナスが出るとか、子会社社長になれる、人事評価上プラスになるなど、ゼロから何かを作るという労力が大きい割にはリターンが少ない場合が多い。

であれば、あまりチャレンジしたくないとなってしまいます。起業であれば、インセンティブ設計にそれほど悩むことがありません。

⑧自社との整合性を見ながら事業の方向性を調整できる

どの段階から出資するかによりますが、既に出来上がっている事業を買収するよりも自社事業とのシナジーを最大化する方向へ調整することが可能です。事業の初期段階から関わる場合は、お互いのリソースや文化面、ミッションの整合性もみつつ、そしてそれらの方向性を調整しつつ事業運営をしていけます。

⑨既存の社員に対してのキャリアとしての新規事業の魅力化

自社の優秀でやる気にあふれた社員に対しては、新規事業ができるというのは非常に魅力でありキャリア上のアップサイドになります。内部の新規事業コンテストをしている会社や新規事業の担当者にエクイティを一部持たせている会社もありますが、自分でオーナーシップを持って会社を作っていいよとまで言っている会社はごく一部です。事業を作りたいという意思のある若手や優秀層にとって、独立起業という選択肢以外でも、ハイブリッド起業というキャリアパスを示すことができると動機付けにもなるし、会社としての魅力も高まるかもしれません。

⑩投資としても適切なリターンを確保できる

こうした起業をしたとしても、当然ながらシナジーが出ないとか、資本関係を解消したり外部資本を受け入れて当初とは異なる方向に行くということも大いにあり得ます。そうした場合でも、初期からの投資であれば、外部からの追加の調達やM&A、IPOでも純投資としてのリターンを得ることができます。

3 ハイブリッド型起業の注意点

ハイブリッド型起業には多くのメリットがありますが、注意しなくては

いけない点もあります。

①出資タイミング

創業から期間が過ぎれば過ぎる程、スタートアップのバリュエーションは高まっていきます。そうなるとそれなりの持分を持つのにはキャッシュが必要になりますし、事業会社側の意思決定も重くなってしまいます。また、事業自体も出来上がってきてしまうので、シナジーがあるように事業の方向性を調整することがしづらくなります。一方で創業初期の出資の場合は、そもそもその事業が成り立たなかったり、ピボットで関係のない事業になっていく可能性もあります。

②出資した事業会社の色がつく部分も

事業会社のブランドや信用力を活用できるということは、逆に言えばその会社の色がつくということです。彼らが競合している会社との取引や連携の可能性がなくなるなど、失うものもあります。

③出資側の意思決定が困難

純投資側のVCであれば、それがメインの仕事なので出資に対する意思決定のプロセスは常に回り続けています。社内の新規事業として予算を取ってくる場合も同様です。しかし、誰かにオーナーシップを持たせてグループ会社を作るとなると、事例も多くはないので出資側の意思決定は難しいかもしれません。

出資を受ける側も、経営層やトップ層に直接コミュニケーションをとって意思決定につなげていく必要があります。

④初期段階から文化面や事業面での相互理解が必要

ベンチャー側は意外と出資側のことを理解しようとしていないものです。「お金を出してくれて営業先を紹介してくれてありがとう」で終わってしまうのではなく、グループ会社としてやっていくならばお互いに理解し合う必要があります。事業面だけではなく文化面での相互理解も大切です。

共通言語が多いと連携が取りやすくなります。

⑤創業初期から具体的なシナジー創出のイメージが必要

具体的にどこが連携できるのか、お互いに合致したイメージを持っておく必要があります。事業が出来上がってからシナジーのために方向性を変えるのは困難です。

4 シナジーを活かした事業展開の実例

ハイブリッド型起業の一番のメリットは、やはり出資元・出資先企業共にシナジーを活かした事業展開をしていけることです。早くスケールを目指せる、大きな事業開発にチャレンジできる、それを優先できることはメリットといえます。

ユーザベースの提供するSPEEDAは金融機関やコンサルティングファーム、事業会社の経営企画部などをクライアントとするSaaS[3]のプロダクトです。企業の公開情報をベースに財務分析や企業のバリュエーションを効率的に行うことができます。昔は有価証券報告書を読んで数字を1個ずつExcelに入れて……と手動で行っていた作業を効率化して、他の業務に時間を割くことができます。

しかし、SPEEDAによる業界レポートや財務情報を見るだけはなく、より深いインサイトを得るためにその業界の有識者に直接話を聞きたいというニーズもあります。そこでミーミルでは、有識者に直接インタビューをして情報を得ることができる「エキスパートリサーチ」というサービスを展開しています。公開情報の提供はSPEEDAがカバーし、一歩踏み込んだ情報獲得をエキスパートリサーチが支援するという連携の仕方です。

人の暗黙知には想像以上の情報量があります。実際に業界の中にいる人から話を聞いておくと、ある情報や数字を見た際にその背景まで含めた深

3）Software as a Service：「サース」または「サーズ」。ソフトウェアを利用者（クライアント）側に導入するのではなく、提供者（サーバー）側で稼働しているソフトウェアを、インターネット等のネットワーク経由で、利用者がサービスとして利用する状況を指す。

い見え方ができるようになります。

　NewsPicksはソーシャル経済メディアです。よくあるニュースのキュレーションサイトと違うのは、掲載された記事に対して専門家や読者がそのバックグラウンド情報を含めてピッカーとして見解をコメントするところです。ニュース情報だけではなく、その情報に対して、異なるバックグラウンドの有識者がどのような見解をもっているのか、という情報を獲得することがいかに有用かということはこの経済メディアが広く支持されていることからもわかります。

　こうしたメディアの活用が広がっていることは2つのことを表していると感じています。1つ目は情報獲得手段の変化。情報自体の取得が容易になっていく中で、むしろそこから何が読み取れるのか、その解釈の重要性が高まっています。複数の意見を異なるバックグラウンドの識者から獲得していくことができれば、意思決定において非常に有用でしょう。2つ目は、こうした情報発信に国内の様々な有識者が協力しているということ。実は、エキスパートネットワークは海外では大きな市場となりつつありますが、日本でも以前ほどクローズドな情報交換を好むというよりも、業界横断的な情報交流が活発化していると感じています。発信するからこそ、情報が得られる。業界の識者として認知されることが自身のビジネスなどにもプラスになっている、だからこそ情報を業界内でとどめるのではなく、外部発信をしていくという風土が整ってきているように思います。

　ミーミルは、そうした流れをうけて、国内で信頼のおける有識者ネットワークを構築するタイミングがまさに今だと感じて創業しています。

　私個人としても、かつてM&Aなどに従事していた際に、ビジネスDDの効率化やM&Aの意思決定において、より多面的で実務や業界に即した知見を獲得していくことの重要性を強く感じていました。情報の重要性が高まる一方、コモディティ化も進んでいる。そうした中で、自分の目的に沿った情報、信頼できる情報など、価値ある情報を見極めて流通化していくことに興味があります。

　有識者のネットワークを構築し、情報獲得方法の変革をおこし、企業の

意思決定をより最適化し、価値ある情報の流通化を実現したいと思っています。

これまでお話しした内容は、ミーミルでいうとまだ入り口あたりの動きにすぎません。本当は、今後事業がピボットなどしていく可能性もある中で、中長期でどういう絵を描けるかが非常に重要です。

ミーミルのエキスパートリサーチが今後どのような展開を見せていくのかはまだ明確なことは言えませんが、当然、より大きな世界観を実現していくための最善の手を打つ必要があり、その選択肢は複数あると考えています。

質疑応答

——ハイブリッド起業をした会社の例は他にありますか？

同じ事例はあまりないかもしれませんが、おそらく考えとしては近いが、資本の持ち方や連携の仕組みなどは異なる事例はあるのではと思っています。例えば、新規事業として法人を設立し、社員に持分を少しもたせて立ち上げるケースや、逆に事業会社の新規事業とのM&Aをして独立起業したというようなケースもありますね。事業や人などに即して個別性が高いのかもしれませんが、いくつかのパターンは存在するように思います。

——事業会社の持分を34％という大きめの数字に設定したのはどういう意図がありますか？

シナジーも追及できる一方で独立性も維持できる持分として（正解はわかりませんが）このような形になりました。純投資ではないので、グループ企業として連携していくならばある程度は社内を動かすにも正当化できるくらいの持分をもってもらう必要があると思っていました。シナジーありきで作っていくことでより早期にスケールできる可能性が高まるという、事業を第一に考えた時に、どの持分が最適かというのはケースによるのかもしれません。

ハイブリッド型創業におけるメリット／考慮点

- 出資タイミングが、創業初期だからこそできる
    - －投資のタイミングが遅れるほど、バリュエーションや事業内容が阻害要因に
- グループとしての会社のブランドや信用力を活用できる
    - －会社としては出資した事業会社の"色"がつく部分も
    - －取引先や連携先などの縛りが出てくる可能性もある
- EXIT の選択肢の幅が広がる
    - －M&A による EXIT と IPO など複数の選択肢を残しつつ意思決定ができる
- 事業を早期に、スケールさせる目線での事業開発ができる
    - －事業成長の早期化を明確に優先できる
    - －中小企業化する余地はない前提
- 事業会社とのシナジー創出の最大化の目線での事業開発ができる
    - －事業会社のリソース活用も最大限考慮しつつ事業運営

講演要約

 事業会社と中長期視点で最大限のシナジーを持つハイブリッド型スタートアップ。大切なのは、リスクテイクの仕方とオーナーシップの持ち方。

ハイブリッド型起業とは

　会社設立とほぼ同時に事業会社の資本を入れる起業プロセス。株式会社ミーミルは株式会社ユーザベースの持分法適用関連会社としてグループに入っている。実態は独立スタートアップでありながら、グループ会社と創業期からシナジーを模索していけるのが特徴。

ハイブリッド型起業の主なメリット

◆事業会社から営業紹介を受けることができる

　サービスとしての連続性があるので、既存のクライアントに対してサービスを理解してもらい導入されやすい。

◆事業会社とのシナジー創出の最大化の目線での事業開発ができる

　グループ会社として事業会社のリソースを使うことができる。事業開発にあたっても「あのリソースを使えばスピードアップできる」という目線を持つことができる。

◆グループとしての信用力を活用できる

　事業会社の信用力をグループ会社として活用することができる。一方で事業会社と競合している企業との取引・連携の機会は失うことになるので注意が必要。

ハイブリッド型起業の主な注意点

◆出資タイミング

　創業から期間が経過する程スタートアップのバリュエーションは高くなるので、事業会社側の負担が大きくなる。また、事業立ち上げ時からシナジー前提で連携しながら作り上げていくメリットも薄れる。

◆初期段階から文化面や事業面での相互理解が必要

　ベンチャー側は意外と出資側のことを理解しようとしていない。グループ会社としてやっていくならば、文化面でも事業面でもお互いに理解し合う必要がある。

2 大企業の経営課題を企業内起業によって解決する

東小薗光輝（ひがしこその・みつてる）

1983年生まれ。大阪府出身。2002年に陸上自衛隊普通科迫撃砲部隊入隊。その後、金融業や先物取引業を経て2011年に株式会社エイチ・アイ・エス（以下、H.I.S.）に入社。H.I.S.の会長兼社長である澤田秀雄氏が創設した澤田経営道場にてベンチャー経営者としての知識や素養を学び、2017年にH.I.S.Impact Finance株式会社を設立。

H.I.S.Impact Finance株式会社

2017年11月設立。2018年4月営業開始。企業間決済サービスや売掛保証サービス、ファクタリング業を主とする。株式会社エイチ・アイ・エスの子会社。グループ内だけでなく、外部の企業の決済や信用保証も行っている。

　私が代表取締役を務めるH.I.S.Impact Finance株式会社は、旅行会社であるH.I.S.の新規事業として企業内起業によって設立した金融会社です。私は元々自分で会社を立ち上げたいと思っていたのですが、起業しその事業を持続し成長させていく経験がありませんでした。そんな時にH.I.S.の創業者である澤田がベンチャーとして非常に優秀な経営者であるということを知り、澤田に起業したいという自分の思いを伝えたら起業させてもらえるかもしれない、経営を学ぶことができるかもしれないという甘い考えで入社しました。

　簡単に起業させてもらえたわけではありませんが、入社4年後に澤田経営道場という次世代のリーダーの育成プロの指導者を育てるための道場に入って研修を受け、2017年11月にH.I.S.Impact Finance株式会社を設立することができました。今回は起業までの詳しい経緯を通して、企業内起業成功の背景をお伝えしたいと思います。

1　業務中に感じたファクタリングの課題を解決する新規事業

　私は高校卒業後陸上自衛隊に入隊し、普通科迫撃砲部隊に所属していました。その頃から漠然と将来的に社長になりたいと考えていたのですが、

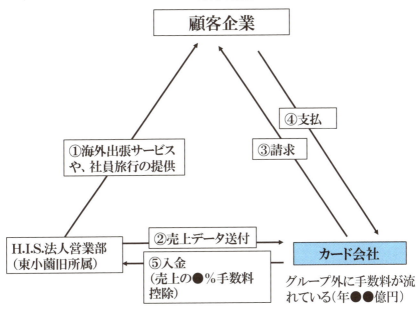

具体的に何をしたいという思いはまだありませんでした。自衛隊を辞めて金融業や先物取引業に就いた後もその思いはずっとあり、それらの仕事を辞めた際に、いよいよ実際に会社を作りたいと思いました。

しかし、私にはどうすれば会社を作れるのかがわかりません。そこで、冒頭で話した通り澤田を頼りにH.I.S.へ入社しました。入社後しばらくは法人営業部で顧客企業の海外出張や社員旅行の手配業務を行っていました。そこで約4年勤めた後に入門希望を出し、澤田経営道場に入りました。

道場の期間は全体で2年間あり、初めの半年は座学です。守屋先生（注：6章1節に掲載の守屋実氏）や畠山先生（注：本書の著者）にも色々教えていただきました。半年間勉強した後、これまで勉強したことを試すために1年間研修として外部の企業に出されます。残りの半年は好きなことをしてよいということになっていますが、それまでの1年半の座学と研修でみっちり学んでおかなければ、ここでやりたいことをやることができません。

私はやりたいことを4年間の勤務中に決めていたので、この外部研修の

期間を人脈作り・コネ作りや資金集めのための時間に活用しようと考えていました。

　やりたいことというのは、それまでカード会社に任せていた決済代行を行う新規事業です。例えば、H.I.S.が企業Aと取引をするとします。A社が海外出張の手配を依頼し、H.I.S.は航空券やホテル、ビザ、現地での交通手段を手配します。普通ならばこの後請求書を送ったりお金を振り込んだりして支払いを行うのでしょう。しかしH.I.S.は原則売掛取引禁止という社内ルールがあります。

　2社間のみの取引では、商取引にはつきものの未回収リスクがありますし、請求管理等の間接経費が発生します。決済代行業者Bを介した取引を行うと代金の請求や回収はB社が行うので、そういったリスクを防ぐことができます。（図参照）

　しかし、回収した代金がB社からH.I.S.に振り込まれる際には当然手数料が引かれます。私が法人営業部で管理職になった時に自身の店舗のP／Lを見たところ、少なくない手数料が取られていました。

　また、当時このB社のポジションはカード会社に任せていたため、営業マンが一生懸命契約を取ってきても審査で落とされることが多々ありました。必死にお願いして取ってきた契約なので、私も営業マン時代には悔しい思いをしました。

　この問題を何とかしたいと考えた時に、それならばB社のポジションを自分がやればいいのではないかと考えつきました。手数料を安くして審査も通りやすくすれば、H.I.S.の皆も喜ぶのではないかと思いました。

　しかし、ただの一社員がそのようなことを社長や役員に言っても話を聞いてもらえないであろうことはわかっていました。澤田経営道場への入門希望を出したのは社長の澤田とのつながりを作るためでもあります。

2　粘り強い提案の末に子会社設立の了承を得る

　このような計画を胸に外部研修へと赴いた私が配属されたのは、H.I.S.の子会社であるハウステンボスでした。私はチケット売りの合間に経理部長

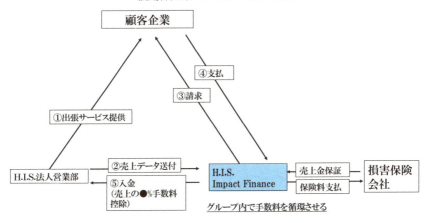

　と仲良くなり、新規事業の計画を何度も提案しました。すると、ハウステンボスの取締役を紹介してもらうことに成功しました。その取締役というのが、現在 H.I.S.Impact Finance で取締役をしている早坂です。

　続いて、早坂が取締役を兼務している電力関連の子会社 HTB エナジーでも研修をさせてもらえるようお願いをしました。ここでも事業計画を何度も提案していると H.I.S. の CFO に説明してみようかということになりました。しかし、CFO にはそう簡単には納得してもらえません。一度めは「甘すぎる」「全然駄目」と痛烈なダメ出しをいただきました。指摘された点を元に計画を練り直して再度持っていくことになります。

　CFO への提案を続けつつ、私は並行して H.I.S. 法人営業与信管理部のリーダーとも話をしていました。実際には CFO からはまだまだ甘いと言われていましたが、彼は「何か手伝うよ」と言ってくれました。これが現在 H.I.S.Impact Finance で取締役 COO をしている藤野です。

　CFO への提案を続けていると、3 度目で反応がよくなってきました。「次は 3 年分の事業計画書を持ってきなさい」と言われ、4 度目にそれを持っていくと「今度これを澤田会長に提案してみなさい」というお許しが出ました。

　CFO の指摘をいただき何度も直しただけあって、会長の澤田へのプレゼンは上手くいきました。無事新規事業立ち上げの了承をいただき、H.I.S.、

ハウステンボス、澤田からの出資も受けられることになりました。

社長から新規事業立ち上げの許可はもらったものの、1つ問題がありました。H.I.S.は上場企業なので、H.I.S.の名を冠した子会社を勝手に作ることができません。取締役会で承認されないといけないのです。

私としては1日でも早く営業を開始したいという思いがありました。しかし、経営道場を卒業する2018年3月末まではH.I.S.の社員なので、どうしたらいいか悩みました。4月に会社を作るとすると、銀行口座の開設や業者との打ち合わせをしていると営業開始できるのはおそらく5、6月になります。私はそれを待ってはいられず、会社を作って登記をしました。それが2017年11月のことです。

この件は結局新会社で作った銀行口座の開設通知が私宛ではなくH.I.S.宛に届いてしまったため、会社を登記したことが発覚して大変なお叱りを受けることになります。しかし、時には多少の強引さもあった方がよいと思います。

3　起業はゴールではなくスタート

会社は登記したものの、営業を開始するには親会社となるH.I.S.からの出資を受けなければ資金が足りません。澤田からの出資は了承してもらっていたものの、会社から出資してもらうには取締役会の承認が必要です。こればかりは勝手にというわけにはいきません。

取締役と監査役が合わせて10名くらいに事業計画を説明して納得してもらうのに一番時間がかかりました。もちろん中には駄目だと言う人もいましたが、どこが駄目なのかと食い下がって問題点を聞き出し、根気強く直して持っていきました。CFOへの提案の時と同じです。これは普通のスタートアップにも同じことが言えると思いますが、事前に周到な準備をすればするほどお金を出してもらいやすくなります。

実際に営業を開始したのは2018年の4月です。2、3月のうちに社内へ「これからは決済にH.I.S.Impact Financeを使ってください」と宣伝してはいたのですが、当初は思うように売上が上がりませんでした。これでは

まずいので外販を伸ばしていこうとテレアポを行ったのですが上手くいかず、再度社内へ目を向けて使ってもらえるように努力することにしました。

　大企業の子会社になると「こういう書類を作りなさい」「子会社はこういう風にしなさい」などと親会社から様々な注文が出てきます。それを一つひとつ向き合い、辛抱強く対応していくと、段々と使ってもらえたり使いそうな部署を紹介してもらえるようになってきました。資金調達も含め、親会社から支援を受けられることは企業内起業の利点です。

　もちろん営業先は社内だけではありません。大企業の子会社であることに甘えることなく、同じベンチャー企業とも仲良くして一緒にがんばっていきたいと思い、ベンチャー系の雑誌を読み漁りました。その中でSaleshubというベンチャー企業に出会います。営業の副業をしたいサラリーマンとプロダクトを売りたい企業のマッチングを行う会社です。このSaleshubに我々の事業を説明したところ、副業をしたいサラリーマンをたくさん紹介してもらうことができました。これにより、外販の決済額も伸びていきました。

　次は銀行代理業に挑戦したいと考えています。銀行代理業の収益化ができたら、今度は海外へ展開していってマイクロファイナンスをやりたいと思っています。私が作りたいのは世界銀行の民間版です。

　世界銀行は貧困国に対してお金を出しますが、それはあくまで国に対してお金を出すだけで末端までお金が行き渡るわけではありません。全ての人々に金融インフラを提供できる仕組みを作るのが私の目標です。

4　企業内起業の種は日々の仕事の中にある

　私は澤田経営道場の2期生ですが、起業は「誰とやるか」をよく考えながらやった方がよいです。私は損得度外視で協力してくれる人を見極めて仲間にしました。

　自分がやりたいことについての考えや計画を説明すると、お金は結構集まるものです。なかなか集まらないのは人です。もし起業を考えているならば、本当に一緒にやってくれる意思のある人を大切にした方がいいと思

います。

　起業を考えてはいるがいきなり独立系でスタートアップをやるのは不安という人は、まずどこかの企業に入ってそこで企業内起業をするのも1つの方法です。私の経験がその例になればいいなと思います。

　就職して日々業務をこなしていると、不便だと感じる点がきっとあるでしょう。「手数料が高いな」「ツールの使い勝手が悪いな」など、何でも構いません。それを「自分でできないかな」と考えることが企業内起業の第一歩です。自分の会社がどこの業者を使っているかを把握し、その業者に代わりうる手段を見つけることができれば、ほとんどの人は企業内起業が可能だと思います。

質疑応答

——カード会社の手数料が高いことは他の人もわかっていたはずですが、それまで誰もその仕組みを変えようとはしなかったのでしょうか。

　私が起業した後に「それは私も考えていた」と言う人は多かったです。しかし、わざわざ会社を作ってそれをやる人はいませんでした。

——最初に事業計画を提案する先としてCFOに狙いを定めたのはなぜですか？

　エイチ・アイ・エスの中で一番お金のことをわかっているのがその人だと考えたからです。金融事業を取りまとめているのがCFOなので、金融事業のことを理解してもらえるのはこの人だと判断しました。澤田に提案した際も「CFOもいいと言っています」と伝えたところ、「彼がいいと言うなら」という形で子会社設立を了承してもらうための大きな後押しになりました。企業内起業ではまず誰に話を持っていくかも非常に重要です。

——今後、独立起業の予定はありますか？

　来年早々にまた新しい会社を作る予定です。ここまでやってきた中で、親会社に頼らずやってみたいという思いが強くなってきました。野球選手

がメジャーに挑戦するような。初めは企業内起業で経験を積み、そこから独立起業へ進むという道もあると思います。

講演要約

 入念に準備し、リスクをとってチャレンジする。

2011年に株式会社エイチ・アイ・エスへ入社した東小薗氏が、決済代行・信用保証を行う金融会社 H.I.S.Impact Finance を企業内起業で立ち上げるまで。

なぜ決済代行の子会社を立ち上げたのか

H.I.S. の法人営業部で働いていた東小薗氏は、顧客企業との取引の際に間に入って決済代行を行うカード会社の手数料が高いことや審査が厳しすぎることに不満を抱いていた。そこで、カード会社の役割を自分がやることで手数料の引き下げや審査基準の緩和を行えるのではないかと考えた。

子会社立ち上げまでに行った社内への働きかけ

H.I.S. 代表の澤田氏が作った澤田経営道場への異動を志願。道場では経営者としての知識や素養を学ぶことができる他、１年間の外部研修があるため、そこで起業のための人脈やコネ作りを行う狙いがあった。

↓

外部研修先として配属された子会社ハウステンボスでは、ハウステンボスの取締役であり現在は H.I.S.Impact Finance の取締役も務める早坂氏とのつながりを作ることに成功。また、早坂氏が取締役を兼務する電力関連の子会社 HTB エナジーでの研修も手配してもらう。HTB エナジーでも事業計画の提案を続けた結果、H.I.S. 本体の CFO に話を通してもらえることに。

↓

CFO からは簡単に了承をもらえなかったが、指摘された点を直して繰り返し提案することで４度目にして社長の澤田氏へ直接提案する許しを得た。それまでに何度も計画を練り直して改善してきたので澤田氏への提案は上手くいき、子会社を作る許可が下りた。CFO への提案と並行して、H.I.S. 法人事業与信管理部のリーダーであり現在 H.I.S.Impact Finance の COO である藤野氏の協力を得るためのお願いも行っていた。

起業において大切なこと

・起業は「誰とやるか」をよく考えなければならない。お金を出してくれる人は結構現れるものだが、損得度外視で一緒に起業してくれる人はなかなか現れないので大切にした方がいい。
・いきなり独立系でスタートアップをやるのが不安な人は、まず企業内起業で経験を積んでそこから独立起業へ進むルートもある。
・起業の中で日々業務をこなしていると不便だと思う点が必ずある。それを改善する計画を作って事業化することが企業内起業への第一歩。

※『澤田経営道場』は、H.I.S. 会長兼社長である澤田秀雄氏が2015年に創設し、現在は公益財団法人 SAWADA FOUNDATION が運営する、世界のリーダーを育成することを目的とした専門教育期間。22歳～40歳の優秀な若者を全国より公募選抜し、毎年４月に２年間の全日制の研修プログラムを開講している。

大企業内起業、成功の条件

　冒頭で大企業内起業が困難である理由に「ヒト」と「カネ」の問題がありがちであると述べた。そういう意味では今回登場いただいた2社のように新規事業開発ににあたって、会社を作ってしまうというのはよい方法であろう。ガバナンスを効かせすぎては意味がなくなるが、責任者が代表権を持つということは大抵の意思決定を当該企業だけで行えるということである。事業運営ができる人材を子会社代表に任命し、資本金を出資した段階で事業を行う「ヒト」の問題と事業に使う「カネ」の問題を解決することができる。

　その事業に必要な「ヒト」はその会社の意思で採用すればよい。「カネ」の問題も親会社のP/Lから切り離され、「子会社株式（関連会社株式）」としてB/S上に記されるだけになれば親会社の年度会計の呪縛からも逃れることができる。

　投資回収のタイミングや方法などそれぞれの事業に固有の判断すべき基準がある。会社を分けてしまえば、それぞれの事業にあったタイミング・基準を持つことが容易になる。

　一般的な子会社の設立でもその目的の多くは意思決定の迅速化にあるが、基本的には立ち上がった事業のマネジメントであるため、その運用は一般的な経営原則から大きくはずれることはない。

　一方で新規事業開発を目的として会社化する場合は、それだけが目的ではない。むしろ、一般的な経営原則から外れることを厭わないために行うと言っても過言ではない。ミーミル社のようにシナジーを前提としながら

も支配権を持たず、経営の独立性や将来の上場・M&Aによる創業者利益獲得を可能にする構造にすると業績向上に対する強力なインセンティブが働く。当然、大企業側からすれば経営に支配権を働かせることができない、収益の大半を自社のP/Lに反映させることができないなどの問題はあるが、より機動的な意思決定ができるメリットの方がはるかに大きいと考えられる。そもそも事業開発の大半の期間を赤字で過ごすことになるのだから大企業側にP/Lを反映させるインセンティブは乏しいと言える。P/Lに収益を反映させたいと考えるなら黒字化した時点で子会社化することを検討することもできる。シナジーを維持しながら、上場を目指す、買い取ってしまう、他社から出資を受けるなど多様な選択が可能なこともミーミル社型ハイブリッド・スタートアップの魅力であると感じた。

　一方、H.I.S.Impact Finance社の場合は、東小薗社長の積極的な姿勢が実を結んだとともに、そういったことを認める寛容さ、さらには認めさせてしまう東小薗社長の行動力が印象的である。企業内起業においてはこういったある種越権的行為が時に必要となるが、こういった行動が取れる人材は稀有であると同時に、その必要性を認めた親会社側の判断も秀逸であったといえるだろう。ある意味本件は特殊事情ともいえるのだが、東小薗社長が親会社である、HISの澤田社長が運営する次世代リーダー育成の場である「澤田経営道場」出身者であるという事実がそれを後押しをしたといえるかもしれない。通常の企業経営でこういった越境人材が産まれてくる可能性は皆無に近い。そういった人材を育てる仕組みを持っているということも同社が成功した要因であろう。

　一切の例外を認めないことが正義であるというガバナンスを実施している企業の方が圧倒的ななか、本件のように臨機応変に対応することができる企業は決して多くはない。

　ミーミル社もH.I.S.Impact Finance社も大企業側とのシナジーは十分に発揮しながら、経営の独立性を担保できていることが成功の要因ではないかと考える。

第 **7** 章

失敗を経験し、乗り越えずに成功するスタートアップはない

ここまで、シード・アーリーステージの企業からM&A・IPOを経験した企業まで、延べ17社のスタートアップの課題とその解決について伺ってきた。
　全体を通して感じることを1つ挙げるとすると「成功ばかりしてきた企業も経営者もいない」ということだ。
　成功したスタートアップというと、どうしても「若くして成功を手にする」というような華々しいイメージがつきまとう。表に出てくる話は大抵が「このような成功を収めた」という話ばかりである。
　が、しかし私やその周りで耳にするのは多数の困難を乗り越えてきた話や今直面している課題についての話ばかりである。今回登場いただいた企業の多くから、一度や二度は倒産の危機に直面し、なんとか回避して今日があるというお話をいただいた。
　そして、その直面した課題は多くの企業で似ているところが多いと感じたことが、今回のプロジェクトの発端であった。
　スタートアップは現時点では存在しないサービスを考え、市場に投入し、成立させていく取り組みだ。サービスの投入タイミングや時流の変化など努力ではどうしようもない理由で破綻することも少なくないため、一つずつ最善を尽くしていけば必ず成功するというほど甘い世界ではない。
　今回登場いただいた起業家の方からも「幸運が味方してくれた」という話も多くあったように、起業の成功にはどうしても「運」の要素がつきまとう。そこでは多数の「想定外」があり、「失敗」がある。日本スタートアップ業界最大のユニコーンであった「メルカリ」でさえ、10億以上の投資に対して、たった約40万円程度の売上しか挙げられずに英国から撤退している。
　メルカリは日本のスタートアップの例だが、起業環境が整っていると言われるシリコンバレーでも「有名な連続起業家が設立した有望なスタートアップが解散」というニュースは毎年のように報じられる。どれだけ優秀な経営者が最善を尽くしたとしても、スタートアップを全て想定通りに経営することはできないということだろう。
　スタートアップに失敗・想定外は付きものであるのであれば、今回登場

いただいた17社も含め成功しているスタートアップは失敗をしなかったのではなく、それらの失敗を乗り越えてきた企業といえるだろう。今回、「スタートアップの成功と失敗の法則」といった大きなテーマを掲げたので読者の中には「この法則通りやれば必ず成功する」といった期待を持たれた方もいらっしゃるかもしれない。そういう方には申し訳ないのだが、スタートアップにおいてはそういったものは存在しない。残念ながら、安直に真似をして成功できるような世界ではないのだ。

ただ、一方で光明もある。「ほぼ全てのスタートアップが大きな失敗を経験している」という事実だ。つまり、あなたがこれからスタートアップを志したとして、もしくは既に取り組まれているとして、大きな失敗そのものは致命的な問題ではないということだ。大きな問題が発生してしまったとしてもそれは「全ての終わり」などというものではなく、「成功までに乗り越えるべき課題」に直面したというだけのことである。

今回、17社の話を聞いて改めてそういう心構えで取り組むべきであるということに気付かされ、大きな勇気をいただいたと思っている。このことは冒頭でも触れた通り、スタートアップでも、企業内起業であっても同じことだ。同じ社会に対して取り組んでいるのだから、新しい事業を起こすのに、企業の中で取り組んだ時だけ、不確実性がないということはありえない。これを読んでくれている方の中にも本書に登場された17社の経験に勇気づけられてくれる方がいらっしゃれば幸いである。

そしてもう1つ言えることは、前述の通り「スタートアップの成長段階で経験する課題や困難は似通っている」ということである。なんらか問題が起こることは避けられないにせよ、事前に発生がわかっていれば、対策を打つことができる。転倒するにしても、受け身を取ることができるかどうかで怪我の程度は大きく異なってくるのだ。中には事前にわかっているだけで避けられる問題もあるだろう。ここからは今回の17社の事例から見えるスタートアップの成長段階ごとの発生課題とその解決についてまとめていきたい。

1　シード・アーリーステージで発生しがちな課題

　今回、シード・アーリーステージのスタートアップは5社登場いただいた。5社及び他の企業がシード・アーリーステージで経験した課題を列挙すると下記の通りである。

【シード・アーリーステージで経験した課題】
・採用すべきでない人材の採用
・調達可能なリソースを大きく超えるビジネスプランの立案
・低い人材定着率
・早期の競合参入
・詐欺
・資金難
・風説の流布

　こうしてみると、シード・アーリーステージで発生する課題は下記2点に起因するものが多いように思われる。
　1．経験が少ない故の知識・ノウハウ不足
　2．知名度が低いがための信用不足

1．経験が少ない故の知識・ノウハウ不足

　当然のことながら、連続起業家でもない限り、シード・アーリーステージの経営者は起業自体が初めてであることが多い。会社員である間はなかなか気付きにくいが、「株式会社」は有名な「有限責任」を始め、税制その他でなにかと優遇されている。その分、各種手続きや会計規則といった様々な規制がある。収益の有無に関わらず、会計手続きは取らねばならないし、税務申告はしなければならない。全ての商行為は契約によって成り立っているので法律についても知識が必要である。今回の17社には聞かれなかったが、契約を曖昧にしていたがために発生した問題で苦労したという話を聞くことも多い。また、一人ではスタートアップは成立しないので

採用もしなければいけないし、複数の人材がいるのであれば就業規則や人事評価を始めとしたルールも作らなければならない。その他、マーケティング・広報・開発などなど必要な知識・ノウハウは多岐に渡る。それぞれの知識・ノウハウの概要を知るだけであればそこまで大きな工数が必要ないものもあるが、その分量が多い。たとえ、数十年企業に勤務していたという人がいたとして、これらの全てに精通しているような人はほとんどいないだろう。法律や会計など明文化されているものもあれば、採用ノウハウや人事組織構築などのように「正解」のないものもある。特に後者のような「法定されていないが、必須の知見」については取り組まなければならないということ自体に気づけないことも多い。また、新米経営者を狙った詐欺や詐欺まがい商法というものもあり、こういったものは経営者になったことがないとまず経験することはないものである。

　逆に言えば、一度経験してしまえばそこまで大きな問題にならないようなことも「初めて」であるが故に問題になっていることも多いといえる。最近はこういった「創業初期に共通する課題」の解決を支援するサービスも増えているが、まだまだ十分ではないというのが現実だと思う。

２．知名度が低いがための信用不足

　事業を発展させていくためだけでなく、社会で活動する上で最も重要といっても過言ではないものは「信用」であろう。大企業に勤めているとその必要性に気付くことは少ないかもしれないが、自分、自社の信用の有無は社会で活動していく上で極めて重要である。アーリーステージを脱し、ミドルステージでの調達を成功させた方からも話があった通り、２回目以降の調達は１回目に比べればずっと楽である。１回目の調達は基本的にはアイデアだけしかない状態ですることが多いため、アイデアやビジョンという証明しようがないものを元に出資を募らねばならないが、２回目以降の場合は１回目の調達で約束していた売上や顧客数などの実績を元に語ることができる。「計画を実現した」という信用があるからこそ、２回目以降のラウンドではバリエーションも調達額も大幅に大きくできるのである。これはエクイティでの調達だけでなく、デットでの調達も同様である。銀

行や信金から借り入れる時も最初に借り入れられる額は決して多くない。借り入れをして、返済をする実績を作ることで「この会社には貸付をしてもよい」という信用が得られるのだ。

　また、ファイナンス面だけでなく採用面についても同様で、調達前やプロダクトローンチ前のスタートアップに入社という「自分の人生を預ける」勇気がある人材は希少である。一定の調達に成功したり、プロダクトが順調に成長したりという事実があればより採用候補者から信用されやすくなる。当然、「話題のスタートアップ」や「上場企業」になればより信用されることは言うまでもない。今回、登場いただいた企業だけでなく、ほぼ全てのスタートアップがこういった信用が少ない状態から信用を獲得し、成長していくために様々な努力をしている。よく言わるように信用は一朝一夕では築くことができない。一つひとつ信用を積み重ねていくことに成功したスタートアップだけが、次のステージに進めるのである。

2　シード・アーリーステージでの頻出課題に対する解決

　経験知不足への対策は何よりも経験者から知見を得ることだと思う。エンジェル投資を受け入れている起業家であればエンジェルが多分に支援してくれることも多いだろう。そうでなくても、先のステージに進んでいる複数の起業家から経験を引き出し、対策を立てることだ。シード・アーリーステージ経営の4リソースのうち、最も「ジョホウ」が足かせになりやすいステージだと思うので情報収集はしすぎて困ることはないだろう。

　より難しいのは信用の問題だと思われる。これについてはスペースマーケットの重松社長が「根性」とおっしゃっていたとおり、最適解はなく、適切な顧客像設定、適切なサービス・プロダクト、適切なマーケティング、適切なコミュニケーションを通してよい事業を創造するより他は無い。

3　ミドル・レイターステージで発生しがちな課題

　今回、ミドル・レイターステージのスタートアップは3社登壇いただい

た。3社及びイグジットを経験した企業がミドル・レイターステージで経験した課題を列挙すると下記の通りである。

【ミドル・レイターステージで経験した課題】
・急成長に伴う組織課題
・事業環境の変化によるピボット
・シード・アーリーラウンドで約束した事業計画との相違による調達課題

ミドルステージの頻出課題は組織

今回登場いただいたミドルステージの2社とも挙げられていた通り、ミドルステージの課題は様々あるが、3章でも触れた通り最も多く見られるのは組織課題であるように思う。なかなか、組織課題については人が絡むことでもあり、詳細を伺うこと憚られるので特定の企業についての言及は避けるが、どのスタートアップも同じような課題を経験していると聞く。ミドルステージで組織課題を経験しなかったと言っているスタートアップの方が少ないのではないかと思う。

シード・アーリーステージを超えて、ミドルステージに入るとサービスが非連続的に成長することになる。これに合わせて当然、採用も加速することになる。ここで発生するのが組織と人材の質及び種類の問題である。

ミドルステージで組織課題が頻出しやすい理由については3章で述べたが、単純に人が増えるから、人が増えると調整が必要な「人間関係の数」が爆発的に増えるからである。人数が少ない時は仕組みがなくとも、個別にコミュニケーションを取ることで調整できるが、調整すべき関係の数が1,000倍以上に増えると個別の対応はもはや不可能である。評価や人事制度など「適切な調整の仕組み」がなければ社員のモチベーションが落ち、幹部を含め大量離職が発生することも少なくない。このような大量離職が大きな足かせになって成長できていないスタートアップも多く見られる。

一方、数の問題だけでなく、人材の種類と質に問題が発生することも多い。

シード・アーリーステージでは、「全てのメンバーが全てに目配せをす

る。できる人がやる」が正しい取り組み方だ。人数が少なく、資金ショートとの戦いの最中であれば部署や役割を記にしている余裕も必要もない。専門性は高くなくとも、ユーティリティ性の高い人材の方が重宝するのである。

　しかし、ミドルステージに入ると状況は変わる。事業の規模拡大に伴って、各業務に要求される専門性が高まる。しかも、知名度の向上に伴い、応募してくる人材の数・質ともに大幅に高まっていく。

　創業期を支えたメンバーがステージの変化に伴って必要なスキルセットを取得してくれればよいが、そうでないメンバーも出てくる。こうなると、「今」を支えるメンバーからは「入社が早いだけでスキルの低いメンバーが評価されている」とか、創業メンバーから「創業の苦しいときに身を粉にして働いたのに切り捨てるのか」といった批判が出がちである。これらの対応を誤ると前述のような大量離職につながることも少なくない。

　また、ミドル・レイターステージとなると創業から数年、場合によっては10年以上が経過しており、ランドスケイプ社であったように法改正や新たなプレイヤーの出現など創業当初とは事業環境が変わってしまうことも少なくない。ミドル・レイターステージになるとこういった事業環境の変化にも対応が必要になってくる。また、レイターステージでは上場に向け制度設計などテクニカルな問題も発生することが多い。場合によっては反社会的勢力[1]や反市場勢力[2]が株主にいることがわかり対応に追われたり、場合によっては上場を断念せざるを得なかったりするケースもある。出資を受け入れる際の株主チェックが甘いと、上場直前でこのような問題になる。反社会的勢力については比較的調査しやすいが、反市場勢力については判別が難しいので出資の受け入れには慎重さが必要である。

ミドルステージでの頻出課題に対する解決

　これらの問題は創業期と成長期で必要な人材の種類が変わってしまうこ

1） 暴力や威力、あるいは詐欺的な手法を駆使し、不当な要求行為により、経済的利益を追求する集団や個人の総称。（出典：コトバンク）
2） インサイダー取引など市場の正常な取引を阻害する行為を行う個人や集団。

と、しかもその変化が１〜２年という極めて短期に起こることに起因している。本稿では詳細にふれることは避けるが、成長後の組織を見据えて、シード期からステージ毎の想定組織及び発生しがちな問題とその対策を加味した組織づくりをしておくことが必要だろう。

4　イグジット(M&A・IPO)を経験したスタートアップで発生しがちな課題

　今回、イグジットを経験された７名の起業家からは直接、イグジット後の課題について語っていただくことはしなかったが、これも私の知る範囲では下記の問題が発生しがちである。

【M&Aの場合】
・親会社との組織文化相違によりシナジーが発揮できない
・被買収側経営者のモチベーションの低下
・親会社の被買収企業経営に対する過干渉による成長低迷

　今回登場いただいた３社はいずれもM&A後の業績は好調と言われているが、成功するM&Aは３割程度と言われている通り、そうではない企業も多いのがM&Aの実態である。そうは言うものの、大企業の新規事業開発の中でM&Aが最も成功確率が高いと言われているのも事実である。オープンイノベーションをはじめとした大企業での新規事業開発ニーズは当面は高まりこそすれ、落ち着くことは無いと思われる。大企業にとってM&Aとは「既存事業とシナジーのある成長率の高い事業を即日手に入れる」ということを意味する。大半が上場企業であり、短期的な成果を追求せざるを得ない大企業にとって、M&Aは時間のかかる自社での新事業開発に比べ、即効性が高く、成功確率が高い新規事業開発手法として今後も非常に価値が高い選択肢であり続けるだろう。
　また、創業経営者の側からしても、所有株式の全部又は大半を買い取ってくれるM&Aは、金銭的には非常に魅力的である。なぜなら、IPOに際して、経営者は持ち株の大半を売却して現金化することは許されない。

なぜなら、その時点で売却するということは、単純に売却株数の増加という意味以上に、経営者が株価の上昇を見込んでいないということであり、株価低迷の要因となってしまうからである。このため、上場に際しても持ち株の大半を持ち続ける経営者は多い。このような背景からキャッシュインという面だけ見ると、M&Aの方が圧倒的に有利であることが多い。

【IPOの場合】
・ステークホルダーの増加による経営方針のブレ
・いわゆる上場ゴール[3]問題

　今回登場いただいた上場企業の経営者は5名6社（守屋実氏はブティック、ラクスルと2社上場を経験している）。上場までの経験を中心に伺ったので上場後の課題についてはあまり触れていただいていないが、こちらも私の知る限りでは上記2点は問題として発生しがちである。

　特に「上場ゴール」と言われるような、上場直後から業績予想や実際の業績が悪化するようなケースは少なからず存在している。これを経営者や投資家の倫理問題だけに還元する意見が多い。実際にそういう要因もあるとは思うが、それ以上にプライベートカンパニーが上場企業というパブリックカンパニーになるという大きな環境変化への適応の問題ではないかと思う。レイターステージで大型の調達をすれば、上場にむけて圧力がかかるのは当然のことであるし、上場に向かうには各種業績だけでなく様々な環境整備も同時に行わなければならない。これらの対応について情報が多分にあったとして、大きな負荷がかかる上に近年の変化しやすい市場環境の中で、業績予想も含め正確に実現できなかった企業があったということだと考えている。倫理の問題に単純化するのではなく、制度的な解決が必要だろう。

3）本来、IPOは成長のための資金調達手段の1つにすぎないにも関わらず、上場直後に企業業績が著しく悪化や、業績予想の下方修正によって株価が公開時株価を大きく割り込む水準で低迷すること。

5 企業内起業で発生しがちな課題と解決

　企業内起業に関する企業はハイブリッド起業の「株式会社ミーミル」とHISグループの「H.I.S. Impact Finance 株式会社」の2社である。

　日本における企業内起業の困難性については第1章でかなり触れたのでここではあまり触れないが、両者とも関連する大企業との関係性、シナジー創出について工夫を凝らしていることが大きな共通点と言えるだろう。「法人化する」、「大きな権限・自由を与える」「優秀で自律的な人材をアサインする」など、成功確率を上げるための制度設計は当然に重要だが、最終的には起業側がどのように経営するかが最も重要であり、かつ前述の通り、企業内起業（ハイブリッド起業）においては大企業のリソースをどれだけ有効に活用できたかが非常に重要な要素となる。これは2社だけでなく他の企業内起業においても同様である。今回の2社のお話を伺って改めて「社内協力を取り付けることができると、企業内起業の成功率を大幅に上げる」ということを確認できたように思う。今回、お話を伺ったミーミル社のような「ハイブリッド起業」は企業内起業とスタートアップの良いところを組み合わせた新しい起業の形としてぜひ、普及していってほしいと思う。

おわりに

　私事で恐縮だが、私はソフトバンク・リクルートという大企業を経験した後、1度独立して失敗し、無一文になっている。その後、再度スターティアラボ、ラクスルというベンチャー・スタートアップで会社員を経験し再度独立して今に至る。独立当初は本当に何もないところからのスタートだった。実際、独立当初は本当に「自分にできることなら何でもやるので仕事をください」という発言をしたこともあった。いただけた仕事は成果を出せたものもあれば、役に立てなかったばかりか迷惑をかけてしまったものもある。ただ、一つひとつ誠実に最大限価値をお返しできるよう最善を尽くしてきたとは思う。結果、幸運なことに信頼してくださる顧客やパートナーに恵まれ、今がある。ここ数年で大企業の新規事業開発支援者として、またスタートアップの一員として多くの新規事業に携わることができた。規模は全く異なるものの、その構造はスタートアップの成長と近いものを感じている。一つひとつの失敗を経験しているその時は「これで自分も終わりだな」と絶望的な気持ちになることもあったが、今のところなんとか乗り越えることができているということかと思っている。

　大事なことは一つひとつの挑戦の成否ではなく、どのように取り組むかだと思う。これも各社と通ずるところがあると思っているが、「どのように取り組むか」に関して大事にしていることが2つある。1つは「失敗したときに復活できない挑戦はしない」、もう1つは「迷ったら挑戦すること」である。

　挑戦は失敗する可能性があるから挑戦なのであって、失敗すること自体は最初から織り込み済みである。全ての挑戦が成功しているのであればそれはそもそも挑戦ではない。だから、挑戦する時点で成功・失敗両方のシナリオを用意しておく。当然、成功した方がいいに決まっているが、失敗した時のリカバリプランを用意しておく。逆に言えば失敗した時に社会的信用を致命的に毀損するとか、物理的に死んでしまうとかであればやらな

い。その挑戦は自分の身の丈を超えるものと考える。

　ただし、「具体的にどんな損失があるか」は詳細に考える。挑戦前に感じる大体の「不安・恐怖」は実際には起こらない。人間の本能は「損失」を実際の何倍も大きく感じるようにできているからだ。当初は恐怖に震えていたとしても、可能性を具体的に考えると「失敗したところで大きな問題は発生しない」ことに気付くことが多い。(逆に致命的な問題に気付くことも稀にある。)

　致命的な問題にはならないことを確認しても、大体はそれでも挑戦には及び腰であることが多い。私は特に元来「怖がり」な性格なので、ルールとして「迷ったらやる」を決めている。なぜなら、できることだけやっている限り成長はないし、成長が止まれば早晩自分は市場で必要とされない人間になるからだ。

　そうやって挑戦を続けることで少しずつ自分の周りの環境をよくすることができてきていると感じている。

　もちろん、今はまだ世の中に大きな価値を提供できるかの挑戦をさせてもらっているところであって何かを成し遂げたといえる状態では決してないが、その挑戦権を得られるところまでは到達することができたと思っている。何もなかった私に期待し、一緒に取り組んでいただけた顧客やパートナーにはどれだけ感謝してもし尽くすことができない。この挑戦を成功させるなかで一つずつお返しできるように取り組んでいきたいと思っている。

　本書が読んでいただいたあなたの挑戦を少しでも後押ししてくれたらこの上ない幸いである。

　本書の出版にあたっては、本当に多数の方にご協力いただきました。このような機会をいただいた早稲田大学商学学術院教授の中村信男先生、早稲田大学産業経営研究所の皆様、ご登壇いただいた ecbo 株式会社工藤慎一社長、株式会社 FOWD 久保田涼矢社長、株式会社結 JAPAN 中山雅久理社長、株式会社 BYD 井上創太社長、株式会社ビットキー江尻祐樹社長、株式会社スペースマーケット重松大輔社長、株式会社 COMPASS 神野元

基社長、株式会社ランドスケイプ福富七海社長、株式会社フライヤー大賀康史社長、株式会社 Loco Partners 篠塚孝哉社長、株式会社 nana music 文原明臣社長、株式会社チェンジ福留大士社長、株式会社 GAIAX 上田祐司社長、株式会社ライトアップ白石崇社長、株式会社守屋実事務所守屋実社長、株式会社ミーミル川口荘史社長、H.I.S.Impact Finance 株式会社東小蘭光輝社長、編集協力をいただいた羽幡咲嬉さん、内島美佳さん、また、編集として多大なるご支援をいただきました早稲田大学出版部の武田文彦さん、本当にありがとうございました。

2019年8月

本気ファクトリー株式会社 代表取締役

畠山和也

掲載企業一覧（掲載順。肩書は刊行時）

ecbo株式会社　代表取締役社長・工藤慎一
　https://ecbo.io/
株式会社FOWD　代表取締役社長・久保田涼矢
　https://fowd.co.jp/
株式会社結.JAPAN　代表取締役CEO・中山雅久理
　https://you-japan.co.jp/
株式会社BYD　代表取締役社長・井上創太
　http://www.3rd-class.jp/company
株式会社ビットキー　代表取締役CEO・江尻祐樹
　https://bitkey.co.jp/
株式会社スペースマーケット　代表取締役CEO・重松大輔
　https://spacemarket.co.jp/
株式会社COMPASS　代表取締役CEO・神野元基
　https://qubena.com/
株式会社ランドスケイプ　代表取締役会長兼CEO・福富七海
　https://www.landscape.co.jp/
株式会社フライヤー　代表取締役社長・大賀康史
　https://www.flierinc.com/
株式会社Loco Partners　代表取締役社長・篠塚孝哉
　https://loco-partners.com/
株式会社nana music　代表取締役CEO・文原明臣
　https://nana-music.co.jp/ja/
株式会社チェンジ　代表取締役兼執行役員社長・福留大士
　http://www.change-jp.com/
株式会社ガイアックス　代表執行役社長・上田祐司
　https://www.gaiax.co.jp/
株式会社ライトアップ　代表取締役社長・白石 崇
　https://www.writeup.jp/
株式会社守屋実事務所　代表取締役社長・守屋実
　info@moriyaminoru.com
株式会社ミーミル　代表取締役・川口荘史
　https://mimir-inc.biz/
H.I.S.Impact Finance株式会社　代表取締役社長・東小薗光輝
　https://www.his-impact-finance.com/

監修者紹介

中村 信男 (なかむら・のぶお)
　早稲田大学商学学術院教授

編著者紹介

畠山 和也 (はたけやま・かずや)
　本気ファクトリー株式会社代表取締役
　HP：https://honki-factory.co.jp/

17スタートアップ――創業者のことばから読み解く起業成功の秘訣

2019年9月5日　初版第1刷発行
2021年6月25日　初版第2刷発行

監修者　　中村 信男
編著者　　畠山 和也
発行者　　須賀 晃一
発行所　　株式会社　早稲田大学出版部
　　　　　169-0051　東京都新宿区西早稲田1-9-12
　　　　　電話　03(3203)1551

デザイン　　三浦正已
印刷・製本　精文堂印刷株式会社

©2019 Nobuo Nakamura, Kazuya Hatakeyama
Printed in Japan　ISBN978-4-657-19018-5
無断転載を禁じます。落丁・乱丁本はお取替えいたします。